LA PRÉVENTION NATURELLE DE LA SANTÉ

Catalogage avant publication de la Bibliothèque nationale du Canada

Mancuso, Francine

La prévention naturelle de la santé : pour baby-boomers et jeunes aînés
(Collection Santé naturelle)
ISBN 2-7640-0788-4

1. Médecine holistique. 2. Santé. I. Titre. II. Collection : Collection Santé naturelle (Outremont, Québec).

R733.M36 2003 613 C2003-940922-8

LES ÉDITIONS QUEBECOR
7, chemin Bates
Outremont (Québec)
H2V 4V7
Tél. : (514) 270-1746

Éditeur : Jacques Simard
Coordonnateur de la production : Daniel Jasmin
Conception de la couverture : Bernard Langlois
Illustration de la couverture : Janine Mancuso
Révision : François Therrien
Maquette intérieure et infographie : Claude Bergeron

Nous reconnaissons l'aide financière du gouvernement du Canada par l'entremise du Programme d'Aide au Développement de l'Industrie de l'Édition pour nos activités d'édition.

Gouvernement du Québec – Programme de crédit d'impôt pour l'édition de livres – Gestion SODEC.

Imprimé au Canada

Francine Mancuso

LA PRÉVENTION NATURELLE DE LA SANTÉ

LES ÉDITIONS
Quebecor
QUEBECOR MEDIA

Je dédie ce livre à ma mère, cet être humain extraordinaire.

REMERCIEMENTS

À Thomas, papa, cet être intègre et sage (maintenant décédé depuis 19 ans) qui m'a enseigné la sérénité et la droiture.

À Corina, maman, cette amoureuse de la vie et motivatrice hors du commun, qui m'a appris la détermination et le courage.

À Ginette, cette sœur merveilleuse, qui est un modèle du « vivre et laisser vivre » (une pensée spéciale pour ton époux décédé cette année qui avait un bon sens de l'humour).

À Mario, ce frère que j'admire pour sa belle intelligence tant humaine que rationnelle et qui m'apprend à aller au bout de mes rêves. Je salue Veronica, ta compagne, qui représente la paix, la compassion et la beauté.

À mes nièces et leurs conjoints, Mélanie et Sylvain, Cynthia et Éric, Mélissa et Martin, ainsi qu'à leurs enfants qui comblent ma vie. Je salue Jimmy, un ami de la famille.

À tante Janine, artiste peintre, qui a bien voulu dessiner la page couverture de mon livre. Je vous salue vous aussi, Hughette, Daniel et la famille.

À mes deux familles, DiGuglielmo (maternelle) et Mancuso (paternelle). Je vous aime.

À mes amies Andrée Bergeron (cousine), Diane Bidégaré, Denise Kouri, Micheline Fafard, Nathalie Faille, Priscille Legacy et Solange Cadotte, Marie Steurer Henry, ainsi qu'à vos conjoints et enfants. Tout comme dans le livre *Le Petit Prince* , vous savez me regarder avec les yeux du cœur et je vous en suis reconnaissante.

À ces amoureux que j'ai eus. Merci pour la belle leçon de vie.

À tous ces professeurs de gérontologie, de naturopathie et d'herboristerie qui ont su me communiquer leur passion ainsi qu'à tous ceux qui pratiquent dans ces domaines.

À Cyril, Loreen et Serge qui embellissent ma vie en ce qui concerne respectivement la coiffure, la mode et les conseils de vie.

À Odette, qui m'a soutenue dans la présentation du manuscrit. Je salue votre époux, Jean.

À toi, Huguette, qui est une ambassadrice de la lumière et qui m'aide à avancer dans ma démarche spirituelle. Merci et bonjour à ta rayonnante fille ainsi qu'à ton compagnon de vie.

À mon patron immédiat dans le domaine du secrétariat, M. Orlhac, ainsi qu'à M. Nahabedian, chef du personnel, pour leur ouverture d'esprit ainsi que leur soutien. Je vous salue ainsi que vos épouses et enfants. Merci à Me Carrière pour ses conseils judicieux.

Aux collègues de travail qui participent à ma réalité quotidienne et savent m'accepter avec mes modes de pensée.

À ces personnes qui ont été mises sur mon chemin à un moment donné de ma vie.

Aux Éditions Quebecor ainsi qu'à son éditeur, M. Jacques Simard, pour avoir accepté de me faire confiance et de me publier.

À tous les lecteurs qui veulent améliorer leur santé et posséder une sérénité d'esprit. Je vous encourage à continuer.

À tous ces êtres que j'ai connus et qui sont décédés. Plus particulièrement grand-maman Mancuso, qui m'a appris à observer la nature et ses beaux couchers de soleil, et grand-papa Joe Catalina (2e grand-père maternel) qui a été pour moi depuis mon enfance une source d'inspiration face à la nature et à l'herboristerie. Je ne vous oublie pas.

Merci à la vie et à toutes les expériences qu'elle met sur ma route.

AVANT-PROPOS

Ce livre résume la démarche que j'ai entreprise il y a déjà vingt-trois ans dans le domaine des médecines douces.

À quelques occasions, j'ai dû chercher des trucs pour résoudre des problèmes de santé. La satisfaction que j'en ai tirée m'a propulsée dans des cours de naturopathie, de gérontologie et d'herboristerie.

Depuis ce temps, je ne cesse de m'intéresser à tout ce qui est publié dans ce domaine pour parfaire mes connaissances.

Étant active de nature, je travaille à conserver ce bel héritage reçu à ma naissance – j'ai nommé la santé – qui me permet d'entreprendre plein de projets et de réaliser mes rêves.

Je vous encourage tous, comme êtres extraordinaires que vous êtes, à entretenir vos semences (trucs) pour récolter la santé.

Quant à moi, je me fixe comme objectif de vieillir en beauté tant sur le plan mental, que physique et spirituel.

Et vous, quel est votre projet ?

Chapitre 1

LA LONGÉVITÉ ET SES SECRETS

Les baby-boomers, qui sont maintenant âgés de 38 à 57 ans, environ, auront d'ici quelques années le choix, si ce n'est déjà fait, de prendre leur retraite ou de continuer à travailler.

« REER » signifie économie pour notre retraite. Cela est aussi applicable au domaine de la santé. Je vous encourage à commencer dès maintenant à y penser.

À eux seuls, les baby-boomers ont vécu une panoplie de transformations économiques, sociales et humaines. Ils ont su s'adapter et, aujourd'hui, ils semblent ne pas vieillir aussi vite que les générations qui les ont précédés. Quelles en sont les raisons et à quoi peut-on s'attendre d'eux d'ici dix à quinze ans ?

Les baby-boomers ont été des pionniers dans le plein sens du mot. Je dirais même qu'ils ont osé se détacher de toutes les normes qu'on leur imposait. C'est une génération libérée de beaucoup de tabous et, en même temps, très responsable envers son entourage. En effet, la femme, tout comme l'homme, travaille à l'extérieur du foyer et subvient économiquement aux besoins de chacun. Elle et son conjoint ont aussi la responsabilité de leurs parents vieillissants. Le temps est l'ennemi numéro un de la génération des baby-boomers. Tout va trop vite et la vie de famille s'en ressent.

Sous un autre angle, la dimension esthétique a toujours été importante dans la vie des baby-boomers, ce qui amène un vieillissement plus lent, une prise en charge de son corps beaucoup plus tôt, car la beauté et la lucidité sont importantes pour contrôler son pouvoir décisionnel. Plusieurs assument aussi une vie spirituelle qui, selon eux, les garde sereins dans ce monde où l'on court plus vite que son ombre.

Je vous invite donc, après cette courte description de la génération des baby-boomers et des jeunes aînés, à poursuivre leur cheminement.

Les jeunes aînés représentent la génération des 50 ans et plus qui n'est presque pas affectée par des problèmes physiques ou psychologiques. Mais d'où vient cette amélioration de la santé et comment peut-on y parvenir ?

Vieillir, ce n'est pas mourir, c'est tout simplement faire le choix de mieux vivre, être en harmonie avec soi et avec les autres, ne plus perdre de vue ses projets, accepter ses limites et grandir dans la sagesse !

Plusieurs changements s'opèrent tant physiquement que mentalement à mesure que nous vieillissons, mais pouvons-nous retarder le processus de vieillissement en continuant d'être actifs ? Certains généticiens considèrent que la longévité est héréditaire. Dans une certaine mesure, cela est vrai, mais beaucoup d'autres facteurs sont à considérer.

La société a aussi un rôle à jouer en permettant à la personne vieillissante de prendre sa place au lieu de chercher à l'oublier. En fait, c'est bien avant la vieillesse que se trouvent les racines des handicaps des personnes vieillissantes. Le drame le plus profond de la personne vieillissante est dans le sentiment d'inutilité que lui inculque la société qui valorise à l'excès le travail comme but de l'existence.

Réfléchir dès la jeunesse aux différents problèmes qui se posent vers 60 ans permet de vieillir en paix et en harmonie avec soi et avec les autres.

ÉQUATEUR ET CAUCASE

On a remarqué chez certains peuples une longévité exceptionnelle, comme chez les Équatoriens de la vallée de Vilcabamba, ainsi que chez les Hunzas et les Abkhazes, des populations montagnardes du Caucase où on retrouve également plusieurs centenaires.

Dans ces communautés, les individus mènent une existence d'une extrême simplicité et certaines conditions diététiques viennent s'ajouter au mode de vie favorisant un état de santé florissant. Il semblerait que les Équatoriens dorment beaucoup et qu'ils sont très sereins, peut-être un peu à cause de leur isolement. La température très uniforme dans toute la région, le climat sec dont la contrée bénéficie durant la majeure partie de l'année, l'altitude, certains éléments de l'eau et du sol, certains traits du régime alimentaire, la non-consommation de graisses animales, et l'utilisation de certaines espèces de plantes médicinales sont tous des facteurs qui contribuent à leur longévité. L'obésité y est inexistante chez les sujets âgés et ceux-ci sont extrêmement agiles. Leur régime alimentaire habituel est essentiellement composé de légumes et de fruits crus. On ne relève chez ces sujets aucun signe de sénilité. Ils semblent immunisés contre toute attaque de virus ou autres agents infectieux. Le secret de leur état réside dans l'activité et la lucidité. Un des habitants de la vallée de Vilcabamba attribue sa longévité à la tranquillité du village. La paix règne et l'absence de tension y est évidente.

Les Hunzas et les Abkhazes ont un mode de vie semblable aux Équatoriens. Les propos des sujets âgés suscitent le respect et leurs connaissances sont reconnues. Ils ont le sentiment d'être utiles et ils le sont. Les médecins de la communauté des Abkhazes affirment qu'il existe un lien de cause à effet entre la longévité et les habitudes de travail. Lorsqu'une machine n'est pas utilisée, elle se rouille. Le fait de continuer à travailler et d'exercer une activité favorise la circulation des secrétions vitales, tonifie les muscles et conserve leur souplesse. Le flux sanguin parvient alors à toutes les parties du corps et régénère les cellules. Un dicton abkhaze dit : « Privé de repos, l'homme ne peut travailler ; sans travail, il ne tire aucun avantage du repos. » Comme les Équatoriens, les Abkhazes et les Hunzas marchent beaucoup, autre activité bienfaisante pour la santé.

À CHACUN SA RECETTE

Pour résumer les secrets de santé des gens qui vivent longtemps, il est bon de mentionner qu'ils sont friands de la vie. L'émerveillement et l'appréciation font partie de leur univers. Ils mangent de façon modérée et ne font pas d'excès en rien. Ces personnes demeurent jeunes de corps et d'esprit. Elles incarnent une sagesse issue de l'expérience ; elles ont connu plusieurs facettes de la nature humaine, et ce, souvent à travers maintes tragédies. Elles peuvent donc se référer à d'autres époques ou à des évènements passés pour mieux comprendre le présent.

La régularité du sommeil et l'absence de stress excessif peuvent également contribuer à la longévité, d'après certains médecins. Le fait de pouvoir se confier et de partager un mode de vie ajoute à la personne vieillissante une raison de vivre et de vouloir continuer. La longévité est faite de tout et de rien, et chacun a sa recette miracle. Le vieillissement peut être retardé lorsqu'on s'accroche à la vie et à ce qu'elle apporte. L'image positive que l'on se fait de soi-même permet d'acquérir la sérénité et d'éloigner les frontières de la vieillesse !

Bref, le mode de vie des gens qui vieillissent en beauté et en sagesse consiste en des recettes très simples, mais que bien des gens ont oubliées. En voici les grandes lignes.

Alimentation

Manger beaucoup de fruits, de légumes et de légumineuses.

Travail

On peut travailler toute sa vie, que ce soit à temps partiel ou à temps plein, pourvu qu'on y trouve son compte. Il n'est pas nécessaire de garder le même emploi après sa retraite. On peut bricoler pour soi ou pour les autres, pratiquer l'artisanat, jouer d'un instrument de musique, etc. Ce qu'il faut retenir, c'est que l'on doit se tenir actif pour atteindre un équilibre psychique et physique.

Rythme de vie

Il doit nous être propre (pas celui des autres) et reposant. La retraite peut être l'occasion de s'ajuster à soi.

Repos

Il est nécessaire de savoir refaire ses forces. Méditer et accueillir positivement les évènements amène le repos et le bien-être.

Sagesse

Une bonne compréhension des gens et des situations révèle la richesse de l'expérience de vie que chaque être humain acquiert avec les années.

Il faut savoir accepter de vieillir, apprendre à régler ses affaires, faire de la place à l'activité physique, participer aux causes communautaires (qui ont un besoin urgent de bénévoles) et plonger dans le nouvel âge qui est si beau et si privilégié.

Dans les décennies à venir la population des personnes âgées va plus que doubler. Quand les baby-boomers auront 65 ans, 25 % de la population fera partie du 3e âge (jeune âge) .

RENSEIGNEMENTS

L'année 1999 a été proclamée par les Nations unies « Année internationale des personnes âgées ». Un des thèmes en était « une société sans différence d'âges ». Cette initiative a permis aux États participants d'intervenir dans tous les champs d'activité.

Une conférence mondiale sur le vieillissement a eu lieu à Perth, en Australie, en octobre 2002. Elle coïncidait avec la deuxième assemblée mondiale des Nations unies sur le vieillissement.

Tout comme l'enfant, la personne vieillissante (baby-boomer et jeune âge) a besoin de sécurité, et celle-ci est souvent trouvée au sein de la famille. Dans de nombreuses sociétés, les personnes vieillissantes sont indispensables pour transmettre sagesse et récits à leurs descendants.

Pourquoi ne pas chercher à conserver notre santé de manière à créer des liens intergénérations et ainsi permettre à la société de vieillir en beauté ?

Chapitre 2

FACTEURS NATUREELS DE SANTÉ

- Alimentation
- Valeur nutritive des aliments
- Vitamines, enzymes et diastases
- Sels minéraux
- Soleil
- Exercice
- Air
- Relaxation et sommeil
- Eau
- Écologie
- Rire
- Sourire
- L'humain et ses forces
- Environnement physique
- Évaluation de la vitalité

Personne n'a un contrôle parfait de sa santé physique et mentale, mais y travailler peut nous apporter un sentiment de réussite et un bien-être inestimable !

Une bonne alimentation et une santé psychologique saine sont sûrement parmi les facteurs de santé les plus importants que je connaisse.

Voici donc, dans les pages qui suivent, des recettes naturelles de santé. Faire de l'exercice, bien s'alimenter, se relaxer et passer de bonnes nuits de sommeil, prendre des suppléments alimentaires tels que vitamines et minéraux, faire au moins une fois par année une cure de désintoxication, développer l'humour, savoir rire de soi, se libérer de ses petits drames quotidiens et résoudre au fur et à mesure ses problèmes, voilà autant de façons d'être en harmonie avec soi et avec les autres.

La perfection n'est pas de ce monde, mais travailler à y parvenir est une démarche intéressante qui rapporte. Être à l'écoute de son corps, n'est-ce pas là le plus beau cadeau que l'on puisse s'offrir sur cette terre ? Ne plus être dirigé par lui, mais le dominer et expérimenter une sobriété qui est si exaltante. Il est certain que les émotions ont un rôle à jouer sur le plan alimentaire. Pouvoir communiquer nos joies et nos peines, éviter l'abus de médicaments, d'alcool, de nourriture, etc. Échanger avec des gens qui sont réceptifs à ce que l'on ressent permet de se rapprocher de soi-même et de son entourage. La sobriété apparaît alors dans nos émotions et dans notre mode de vie.

Assumer le vide intérieur, avoir confiance en la vie, exprimer ses sentiments, se respecter et respecter autrui, développer l'autonomie, devenir patient et tolérant, s'adapter à l'environnement, être honnête et faire preuve de sincérité, savoir reconnaître ses faiblesses et voir ce que l'on peut faire pour s'améliorer, faire la paix avec son passé et prendre en main son futur, rechercher la solitude pour refaire le plein, éviter l'isolement qui peut nuire, relâcher l'emprise sur soi et les autres, voilà en quelques mots une définition du bien-être de l'humain. On a tous tendance à manipuler les autres lorsqu'on ressent de l'insécurité. Il faut garder son cœur ouvert, être à l'écoute des gens sans interpréter leur pensée. Se prendre en main et composer avec ses défauts et ses qualités, prendre le temps de vivre et d'apprécier son entourage, collaborer à l'évolution de chacun. Admettre que nous sommes des humains, non des robots ou des gens parfaits, peut constituer un gage de santé.

La sérénité nous permet d'être en harmonie avec soi-même et avec l'Univers. Nous sommes tous sur cette terre pour progresser tant sur le plan mental, que spirituel et physique. L'humain doit s'accorder le privilège de se découvrir pour mieux connaître ses faiblesses et ses forces. En tant que personne « responsable » et « intelligente », chacun est tenu de se bâtir une santé solide.

Il n'est pas dit que l'erreur n'est pas permise, mais elle doit nous amener à mieux nous adapter aux situations pour retrouver à nouveau l'harmonie et la paix dans nos rapports avec les autres. Méditer, se découvrir pour mieux filtrer les autres et les conditions de vie dans lesquelles on se trouve placés, entraîne une ascension vers la santé.

La maladie n'est pas normale. Il s'agit, pour l'éviter, de se créer un milieu apte à faire jaillir la force et l'équilibre de nos organes et de nos émotions, donc de savoir reconnaître ses carences tant sur le plan émotif que physique et de chercher à développer les points forts de l'organisme qui pourront combattre tout déséquilibre. Il n'est pas toujours facile d'admettre ses faiblesses. Soyons donc humbles ! L'essence de la vie n'est-elle pas la santé dans le plein sens du mot ? La santé sous-entend de s'aimer et de se respecter. Commençons à nous aimer pour mieux aimer les autres !

Brisons la coquille et laissons couler le jus de la vie rempli de tendresse, de respect, de douceur et d'amour universel.

Un des facteurs naturels de santé des plus importants est l'alimentation. Les abus de médicaments, d'alcool et de tabac sont responsables des principales affections physiques et mentales, telles que le cancer, l'obésité, les maladies cardiovasculaires, la sclérose, et bien d'autres encore. Les excès ou les carences ont une grande importance dans le développement des maladies, comme le disait si bien Paracel au XIVe siècle : « Que ton aliment soit ton médicament, que ton médicament soit ton aliment . »

La composition des aliments doit être équilibrée. L'alimentation doit donc contenir des vitamines, des protéines, des minéraux et des enzymes.

Pour bien digérer les aliments, il faut bien mastiquer, être dans un état de repos, éviter de boire en mangeant, jusqu'à vingt minutes après le repas.

Il est nécessaire d'apporter à l'organisme le maximum d'attention qu'il requiert si on veut s'en faire un ami assuré. Après tout, c'est à lui qu'on doit le plus grand respect, puisqu'il est notre meilleur ami lorsqu'il est en forme. Il nous procure lucidité, imagination fertile et positive, respect et compréhension de l'Univers et sagesse inestimable. Effectivement, un organisme en santé procure joie et prospérité puisqu'il nourrit sainement le mental et le physique grâce aux aliments et au mode de vie qu'on lui sert.

ALIMENTATION

Quels sont les aliments nécessaires à ce copain qu'est notre organisme ?

Il y a une brochette de nutriments, de vitamines, de minéraux, de plantes et de compositions alimentaires qui peuvent participer à notre santé.

Fruits doux ou mi-acides

Ces fruits séjournent peu de temps dans l'estomac, sauf la banane et l'avocat. Ils se digèrent dans l'intestin. Il est donc préférable de les consommer au début du repas. Il serait peut-être bon d'en faire un repas séparé comme pour les aliments sucrés.

Fruits acides

La digestion s'accomplit sous l'action des secrétions alcalines. Il serait bon de les consommer avant le repas avec des fruits mi-acides, des noix ou du yogourt.

Légumes crus

La digestion des légumes crus commence dans la bouche et requiert une forte mastication dans le but de bien les inhiber de ptyaline, une enzyme nécessaire à leur digestion. Ces légumes demandent de deux à quatre heures de digestion dans l'estomac et dans l'intestin. Ils peuvent se consommer avec les protéines ou les féculents qui favorisent la digestion.

Aliments protéines

Ce sont les noix, les fèves, les fromages, la viande, etc. Leur digestion a lieu dans l'estomac sous l'action de la pepsine qui n'agit que dans un milieu très acide. Pour bien digérer ces aliments, il est préférable de les accompagner de légumes crus.

Féculents

Ce sont les céréales, les pains, les pommes de terre et leur digestion se fait dans la bouche sans l'action de la ptyaline (enzyme contenue dans la salive). Il faut mastiquer ces aliments et les insaliver avant de les avaler, car la digestion peut en être ralentie. Il est recommandé de séparer les protéines des féculents par des crudités. Ceci permettra aux protéines d'être bien malaxées dans le fond de l'estomac tout en laissant les secrétions acides dissocier les acides aminés.

Lipides

La digestion des lipides a lieu en partie dans l'estomac et surtout à la sortie de celui-ci, dans le duodénum, sous l'action de la bile. Il est bon de faire accompagner les lipides de légumes.

VALEUR NUTRITIVE DES ALIMENTS

Légumes à feuilles vertes

(épinards, choux, persil, poireaux et autres)

Ils ont des propriétés nutritives extraordinaires. Ce sont d'excellentes sources de chlorophylle et de vitamines A, C, D, E et K. Leur teneur en minéraux est très importante et les protéines qu'ils contiennent sont essentielles. Leur valeur biologique est supérieure à beaucoup d'autres aliments. Ce groupe de légumes est la clé d'un régime équilibré.

Légumes racines

(carottes, pommes de terre, radis, betteraves et oignons)

Ces légumes fournissent une abondance de minéraux et d'oligo-éléments nécessaires à la structure cellulaire de notre organisme. Ils contiennent aussi les vitamines A, B, C et E. Ils complètent la source d'énergie solaire que sont les légumes verts.

Plantes aromatiques

(thym, romarin, sauge, poivre, muscade, etc.)

Elles ont des propriétés antiseptiques et organoleptiques. Les principes aromatiques des épices agissent à la fois sur l'odorat et le goût. Il est maintenant reconnu que ces principes exercent une action électrique sur les sécrétions glandulaires, y compris les glandes endocrines. Les plantes aromatiques stimulent la digestion et même les sens.

VITAMINES, ENZYMES ET DIASTASES

Vitamine A

Elle contribue à l'augmentation de la résistance aux infections. Sources de vitamine A: légumes verts, huiles végétales et de flétan, etc.

Vitamines B

Elles accomplissent diverses fonctions concernant la digestion, le fonctionnement des nerfs, l'état de la peau et la composition du sang. Elles se détruisent au contact de l'eau et de la chaleur. Leurs meilleures sources sont les céréales entières, le germe de blé et le yogourt.

Vitamine C

Elle a une action antioxydante acide contre les intoxications. Elle se détruit au contact de l'oxygène, de l'eau et de la chaleur. Ses meilleures sources sont les fruits et les légumes crus.

Vitamine D

C'est la vitamine du soleil. Elle aide à la croissance et à la minéralisation. Elle se détruit au contact de la chaleur. Ses meilleures sources sont les légumes crus, le lait, l'irradiation solaire, l'huile de foie de flétan, etc.

Vitamine E

C'est la vitamine énergétique. Elle oxygène le sang, fortifie le muscle cardiaque et lutte contre le vieillissement. Ses meilleures sources sont le germe de blé, les céréales et les huiles végétales.

Vitamine F

C'est la réunion d'acides gras insaturés. Elle protège les artères et les veines. Elle a une action dissolvante sur le cholestérol, permet une meilleure métabolisation des gras. Ses meilleures sources sont les huiles de carthame, de lin, de tournesol et de soja.

Enzymes et diastases

Ces sont des ferments catalyseurs qui ont pour fonction de bien faire digérer et assimiler les aliments. La salive en contient quinze sortes différentes. Leurs meilleures sources sont les fruits et les légumes crus. Les enzymes et les diastases se détruisent à la cuisson, à la stérilisation et à la congélation.

Chlorophylle

Elle a une action de photosynthèse. Elle transforme l'eau et le dioxyde de carbone en sucre grâce à l'action des rayons solaires. Ses propriétés sont multiples : elle stimule l'appétit, accroît la résistance au vieillissement, active la circulation du sang, accélère la guérison des plaies, règle le fonctionnement de la thyroïde, du foie, du pancréas, de l'intestin et est, en plus, un désodorisant efficace.

Fruits

Ils fournissent tous les éléments nutritifs dont notre corps a besoin pour être en santé, soit des minéraux, des vitamines, des enzymes et même des protéines. Ils fournissent également des acides divers qui dissolvent les toxines de notre organisme et permettent leur évacuation. Ils contiennent en outre des sucres qui fournissent de l'énergie au cerveau et à l'organisme.

Céréales

Leur culture depuis les civilisations les plus antiques – le blé en Égypte, le riz en Chine, le maïs en Amérique, le millet au Québec

– prouve qu'elles sont indispensables à la santé. Le millet est riche en silice (utile pour les cheveux, les nerfs, les os) ; il prévient les calculs biliaires et rénaux. Le sarrasin contient de la rutine qui aide à prévenir les problèmes circulatoires.

SELS MINÉRAUX

La théorie biochimique dit que le corps humain est constitué de cellules différentes qui en élaborent les tissus et organes. Les différentes cellules sont déterminées par la nature des sels organiques qui entrent dans leur composition. Ceux-ci sont des élaborateurs de tissus et la structure aussi bien que la vitalité du corps dépendent de leur quantité et de leur répartition convenable dans chaque cellule.

Les sels utiles à la formation des cellules nerveuses et servant de remèdes aux affections du système nerveux sont, entre autres, le phosphate de magnésium et le phosphate de potassium. Quant aux cellules musculaires, tous les phosphates et chlorures de potassium peuvent contribuer à les raffermir. Les cellules osseuses sont régénérées par le fluorure de calcium et la silice.

Une personne bénéficiant d'une bonne alimentation, d'un ensoleillement abondant, d'air pur et d'exercice, risque d'avoir une excellente santé.

SOLEIL

La lumière solaire est indispensable à l'entretien de la vie et à la guérison des maladies. Cette lumière est essentielle à l'être humain de même qu'à la plante. La personne qui vit dans la lumière du soleil développe un corps robuste et une santé mentale solide tout comme la fleur exposée au soleil devient splendide. Le soleil permet le développement naturel de la terre. Des couleurs telles que le rouge ou l'orangé sont des ondes calorifiques, tandis que le vert et le jaune sont des ondes lumineuses claires. Quant au bleu et au violet, ce sont des couleurs calmantes.

Les rayons du soleil, en pénètrant profondément dans l'organisme, exercent une action bactéricide et analgésique en modifiant les tissus. Ils stimulent les fonctions du corps en activité. La digestion et l'assimilation sont alors améliorées, la circulation sanguine et lymphatique est accélérée et les tissus morts sont détruits.

EXERCICE

On découvre de plus en plus que l'exercice est un des remèdes miracles contre la maladie. Il permet de fortifier les muscles et les tissus des divers organes. Il favorise l'oxygénation, produit une meilleure circulation sanguine, accélère l'élimination des toxines, régénère le système nerveux et les organes vitaux.

La marche est l'un des exercices les plus faciles et les plus agréables à pratiquer. Elle permet de développer le cœur et les poumons, stimule la peau et fortifie l'organisme.

Des sports tels que le tennis, la course, le vélo, la natation, le patinage doivent faire l'objet d'une certaine modération.

Notre corps est fait pour bouger sinon il vieillit prématurément. Si la plupart des gens ont mal au dos, c'est surtout parce qu'ils restent assis trop longtemps ou sont mal assis. Les muscles ont tendance à s'atrophier avec l'âge et la graisse à s'accumuler. La vie sédentaire de même que l'engouement pour les jeux vidéo et l'ordinateur contribuent à l'inactivité.

Être en forme, n'est-ce pas là le point de départ du bonheur ? Avoir une musculation harmonieuse et une silhouette agréable à regarder et posséder la santé peuvent déclencher en nous le besoin d'être actifs.

Le tonus, une silhouette bien modelée et une grande vigueur sont les principaux bénéfices que l'on peut retirer de l'exercice.

C'est un mode de vie à développer et à conserver pour le reste de ses jours afin de jouir d'une meilleure santé.

AIR

Sans air, on ne pourrait vivre. Le sang a besoin d'oxygène pour faire fonctionner le corps. C'est par les poumons que le sang est purifié. Chaque globule rouge du sang capte l'oxygène au niveau des poumons et l'amène à tous les tissus du corps où ce gaz intervient dans la combustion des cellules mortes et usées et dans la combinaison chimique avec les aliments pour l'élaboration de nouvelles cellules sans amener l'oxydation.

Le sang, c'est la vie du corps. Pour être efficace à cent pour cent, il doit être formé de cellules vivantes et saines. Les aliments naturels favorisent toutes les fonctions du corps. Ils gardent l'estomac propre, éliminent les poisons et débarrassent l'organisme des produits toxiques.

La respiration, qui représente le premier coup de pouce à donner au sang pour que la vie continue, compte parmi les facteurs vitaux les plus importants.

Chaque cellule du corps doit être vivifiée par la pratique d'une respiration volontaire, profonde, sous forme de gymnastique quotidienne. Cet exercice dilate la poitrine, accélère l'action cardiaque et la circulation sanguine, améliore la digestion et l'assimilation des aliments, prévient les maladies pulmonaires, fortifie le système nerveux, accélère l'activité intestinale, éclaircit le teint, améliore le sang et amène une disposition générale à la vivacité.

La respiration doit être diaphragmatique et non thoracique ou abdominale. Il faut d'abord remplir d'air la partie inférieure des poumons, puis remplir proprement leur partie supérieure jusqu'à ce que les deux poumons soient entièrement gonflés d'air. L'air doit être inspiré graduellement pour permettre aux flancs de se dilater ; ensuite, il faut le retenir un moment et, enfin, expirer lentement.

L'air est un élément important pour la qualité de notre vie. Les différents composés provenant de la combustion du tabac ou d'autres produits altèrent l'air ambiant et affectent le bien-être des personnes.

Lorsqu'ils sont en concentration trop élevée, les polluants industriels ont des effets nuisibles sur notre santé et sur l'environnement. Ils s'attaquent à nos poumons et provoquent des perturbations sur les arbres et les matériaux ambiants.

Il faut sensibiliser notre entourage aux avantages d'un air propre.

RELAXATION ET SOMMEIL

La sieste n'est pas nécessairement de la paresse. Lorsqu'elle est faite dans les règles de l'art, c'est une source inépuisable d'énergie. Au Japon, pays de l'efficacité, la sieste est obligatoire. D'après les Japonais, le sommeil de la journée compte deux fois plus que celui de la nuit et les petites siestes de jour permettent d'éviter l'accumulation de fatigue nerveuse, facilitant ainsi l'endormissement.

Il est bon de se relaxer pendant environ une demi-heure chaque jour et de faire le vide. Il faut essayer de parler plus lentement et plus calmement sans interrompre l'interlocuteur. Écouter en concentrant l'attention auditive sur autrui. Bouger moins vivement. Se donner des consignes antistress, considérer les faits et gestes comme des réalités et non comme des menaces ou des défis personnels. Se rappeler qu'il n'y a pas de problème sans solution. Être attentif à son langage intérieur et être positif. Être détendu, en fait, c'est vivre au naturel et au moment présent.

Lire ou écouter de la musique peuvent être un des outils valables pour trouver le sommeil. Le yoga est une très bonne méthode de relâchement des tensions physiques et mentales. On ne doit pas aller au lit après avoir mangé. Il faut faire le vide, se relaxer, éliminer de sa tête les tracas de la journée, ce qui amène la détente. Il vaut mieux suivre ces conseils que de prendre des médicaments car la dépendance envers ceux-ci ne fait qu'augmenter, ce qui finit par n'avoir aucun effet, entraînant ainsi de l'anxiété, voire de la dépression, à long terme.

EAU

L'eau est une nécessité vitale. Nos tissus sont composés d'une part importante d'eau. Celle-ci sert de filtre dans notre organisme et permet d'en éliminer les déchets. De nos jours, on hésite à boire l'eau du robinet à cause de son impureté. L'eau distillée est reconnue comme étant l'une des meilleures, sans oublier l'eau contenue dans les fruits et légumes. Pour éviter la déshydratation due à la grande élimination d'eau par jour sous forme d'urine, de sueur ou d'autres sécrétions, il est recommandé de boire un litre d'eau par jour. L'eau aide les cellules à se garder saines, alors pourquoi ne pas contribuer à leur longévité ?

La pollution de l'eau est importante de nos jours. Les eaux usées, traitées et déversées dans les cours d'eau peuvent laisser des substances susceptibles de créer des nuisances.

Malgré toutes les étapes de décontamination des eaux usées, on trouve dans l'eau des toxines et des métaux lourds nuisibles. Il est préférable de boire de l'eau distillée ou de l'eau de source.

ÉCOLOGIE

L'écologie est une science qui se définit comme étant l'étude de relations entre les plantes, les animaux et les humains et leur environnement.

Nous vivons à une époque où seul l'argent intéresse les gens. On oublie d'être en contact avec soi, avec les autres, d'où nécessairement avec l'environnement en général. Le respect n'est plus présent, puisqu'on s'oublie totalement pour faire place au matérialisme. Nos valeurs sont superficielles et la profondeur meurt et disparaît de plus en plus. C'est de l'autodestruction et un manque de respect de soi et de son environnement qui provoqueront irrémédiablement l'anéantissement de la Terre. Espérons que nous deviendrons plus attentifs à notre environnement et que nous adopterons de nouveaux principes plus positifs face à l'avenir de l'humanité.

RIRE

D'après plusieurs thérapeutes, le rire est une émotion positive. Les Indiens d'Amazonie n'ont pas besoin de rituels : tous les domaines de la vie quotidienne sont sujets au rire, et il est même permis aux enfants de rire de leurs parents. Chez les Indiens d'Amérique du Nord, c'est le clown guérisseur qui éveillait l'hilarité jusqu'à ce que les mauvais esprits quittent le corps du malade. Selon le Dr Rubeistein, « le rire est pour les nourrissons le premier phénomène social. Dès que l'enfant se socialise, il répond au sourire de sa mère et à celui de l'entourage. En grandissant, il s'aperçoit que le rire crée un lien social et fait tomber les barrières ». Le rire aide à abaisser les tensions psychologiques. Il permet de libérer et d'apaiser la conscience.

On va même jusqu'à dire que le rire influence positivement le système immunitaire en provoquant des modifications chimiques du système neurochimique. Il reste encore beaucoup à découvrir sur les bienfaits du rire dans les domaines de la médecine et de la psychologie.

Le rire est aussi un moyen de détente dans les relations humaines. Il permet la plénitude de la communication. Après des éclats de rire, nous sommes plus disponibles et ouverts d'esprit. Les discussions deviennent saines et harmonieuses et amènent en général de bons résultats.

Le rire combat l'insomnie, le stress et permet d'éviter les médicaments. Il permet de réduire la tension musculaire et d'améliorer la digestion.

Pour conclure, on peut dire que le rire fait augmenter la qualité de vie. Il est recommandé comme remède à n'importe quel problème physique ou psychique.

SOURIRE

On nous a appris à sourire depuis notre enfance. L'homme sourit pour de nombreuses raisons. Le sourire est la plus petite forme du rire. Il y a plusieurs sortes de sourire : d'admiration, d'encouragement, de patience, etc. Le sourire signifie que nous avons foi et confiance en nous-mêmes. Il permet de constater l'agréable et le désagréable. Le plus révélateur est le sourire de l'amour, car il est facile et sincère. C'est le sourire dont les gens ont le plus besoin et il est une arme désarmante. Il est unique, universel et tout-puissant. Enfin, nous ne pouvons haïr les gens qui nous regardent droit dans les yeux avec un sourire. En fait, le sourire est gratuit et très comblant. Pourquoi ne pas s'en faire un ami ?

L'HUMAIN ET SES FORCES

L'homme peut raisonner, planifier, évaluer. Il a un cœur et partage ses opinions et ses émotions. Tout au long de son existence, l'humain accroît sa conscience de soi, son autodétermination, sa façon de communiquer avec les autres. Il se préoccupe de son échelle de valeurs et accepte de choisir ses responsabilités et sa destinée.

L'homme, parce qu'il est déterminé génétiquement dans sa structure physique et biologique, se comporte comme un être humain plutôt que comme une fourmi ou un arbre. Il est plus complexe que ses organes. Le comportement de l'homme est davantage relatif dans ses processus psychologiques que physiques. Il fonctionne comme un tout et non comme un ensemble de parties.

MILIEU PHYSIQUE ET SOCIAL

Le climat, le milieu et ses ressources affectent le comportement de l'individu.

L'anthropologue Margaret Mead[1] dit : « Le fonctionnement de chaque partie du corps humain est modelé par la culture dans laquelle l'individu a été élevé non seulement en termes de diète, d'ensoleillement, d'exposition aux maladies infectieuses et contagieuses, de surmenage, de maladies industrielles, de risques, de catastrophes et d'expériences traumatiques mais aussi par la façon dont il a été nourri, discipliné, caressé, mis au lit, puni et récompensé de par sa naissance dans une société donnée avec une culture définie »

Le dialogue amène le plein épanouissement, l'optimisme dans la vie, le respect de l'être humain, une meilleure compréhension et la richesse du partage.

Je termine ce chapitre en insistant sur l'équilibre psychique et physique de l'homme.

La maladie résulte rarement d'un seul agent pathogène, elle est l'expression d'un déséquilibre de base. Il s'agit d'observer la nature pour trouver les renseignements susceptibles de fortifier notre organisme.

---

1. MEAD, Margaret, « The concept of cultures and the psychosomatic approach », Arthur Writer (ed.) Contributions toward medical, Psychology, Vol. 1, N.Y. The Rodale Press Co., 1953, p. 377

Chapitre 3

L'ÉVALUATION DE LA VITALITÉ

L'évaluation de la vitalité se fait à partir d'une très grande fourchette de données. Il s'agit pour chacun de choisir quelques désordres, qu'ils soient physiques, psychologiques ou alimentaires, et de chercher à réinstaller l'équilibre.

On remarquera, dans ce travail, que chaque problème physique est associé à une carence alimentaire ou psychologique ou, plus profondément encore, au dysfonctionnement d'un organe interne ; par exemple, les yeux rouges et enflés peuvent signifier un problème au foie ou aux reins.

D'après la médecine chinoise, notre organisme a cinq organes vitaux, qui sont :

- le foie ;
- le cœur ;
- la rate ;
- les poumons ;
- les reins.

LES DÉSORDRES

On reconnaît, en psychosomatique, les désordres physiques causés par des désordres psychologiques. Divers sentiments peuvent bloquer nos énergies. La colère attaque l'énergie du foie et l'endommage. La mélancolie empêche la bonne digestion et affecte aussi la rate. La joie se répercute sur le cœur. La peur bloque les reins et les empêche de bien fonctionner. Le chagrin affecte les poumons.

Divers facteurs environnementaux bloquent aussi notre énergie vitale, que ce soient des accidents ou des perturbations telles : la chaleur, l'humidité, le froid, le vent, etc. Un manque de vitalité, des maladies ou des déséquilibres corporels peuvent s'ensuivre.

Sommeil

L'insomnie survient chez les personnes qui ont des soucis, des déficiences d'organes (cœur ou rate), voire une mauvaise circulation. Un sommeil irrégulier indique souvent un excès d'alimentation ou des problèmes émotionnels. On peut aussi avoir des problèmes de vésicule biliaire qui empêchent d'avoir une bonne nuit de sommeil.

Yeux

Une personne qui a les yeux rouges et enflés peut avoir des problèmes de foie ou de reins. Une vision brouillée peut être due à une déficience de l'énergie ou du sang.

Oreilles

Des bourdonnements dans les oreilles indiquent une déficience du sang ou des reins.

Symptômes de déficience de l'énergie

La fatigue, la diarrhée, le manque d'appétit, les ballonnements abdominaux, le congestionnement de la poitrine, la bronchite, la faiblesse de la voix et les sueurs froides sont autant de symptômes de déficience de l'énergie.

Symptômes de déficience du sang

Les lèvres pâles, les vertiges (dans certains cas), les bourdonnements d'oreilles, les palpitations, le teint terne et, chez la femme, les règles irrégulières comptent parmi les symptômes de déficience du sang.

Lorsque la couleur de la peau semble lumineuse, légèrement rose, et que le visage est ouvert et clair, cela indique une bonne harmonie. Si la peau semble sombre, sèche, sans lustre, cela peut être dû à une perte de l'énergie de l'estomac ou de l'énergie des viscères. Un visage pâle teinté de peur est le signe d'une déficience de l'estomac ou de la rate. Une face sombre indique en général des troubles de reins.

Poumons

Les poumons sont en liaison avec le gros intestin et sont représentés extérieurement par la peau. Ils sont également reliés au nez. Si les poumons sont en bon état, la respiration nasale se fait bien.

Troubles de fonctionnement des poumons

On les identifie par les symptômes suivants : toux avec crachats jaunes, douleurs aux épaules et au thorax, constipation, gorge irritée, soif, selles malodorantes, et autres.

Reins

Les reins sont en liaison avec la vessie et sont représentés à l'extérieur du corps par les cheveux et les poils.

Ils sont également reliés aux oreilles. Il y a donc une bonne audition si les reins fonctionnement bien.

Troubles de fonctionnement des reins

On les repère aux symptômes suivants : crainte, inquiétude, difficultés d'élocution, urines abondantes et claires, forte transpiration.

Rate

La rate est en liaison avec l'estomac. Elle est aussi reliée à la bouche. Si la rate est en santé, on n'aura pas de difficulté à avaler les aliments.

Si la rate est déficiente, des maladies de dégénérescence (diabète, cancer, etc.) peuvent survenir.

Troubles de fonctionnement de l'estomac, de la rate et du pancréas

Bouche empâtée, lèvres rouges, langue jaune, faible appétit, abondance de salive, douleurs au ventre en sont les signes.

Foie

Le foie est en liaison avec la vésicule biliaire et est représenté à l'extérieur du corps par les ongles et les muscles. Il est aussi relié aux yeux : « Bon foie, bon œil ! »

Le foie est générateur de force et d'énergie.

Troubles de fonctionnement du foie

Vertiges, bourdonnements d'oreilles, crampes, engourdissements des membres, vomissements en sont les signes.

Cœur

Le cœur est relié à l'intestin grêle et à la langue (altération du goût).

Troubles de fonctionnement du coeur

Distraction, anxiété, palpitations, hypotension, visage pâle, transpiration et insomnie en sont les signes.

Les excès qui causent des problèmes de santé

La lecture prolongée et la fatigue des yeux amènent une déficience du sang.

L'excès de repos en position couchée (sommeil, sieste) provoque une déficience de l'énergie.

La position assise trop longtemps rend les muscles déficients (manque d'exercice physique).

La position debout trop prolongée rend les os déficients (décalcification) et fatigue les reins.

Des maladies psychosomatiques peuvent être engendrées par des excès d'émotions telles que la colère, l'hésitation, la tristesse et la peur.

D'autres troubles de santé peuvent être causés par divers facteurs tels que les erreurs alimentaires, l'hygiène de vie, les polluants, les parasites, les empoisonnements, les traumatismes, etc.

EXEMPLES DE DÉSORDRES ÉNERGÉTIQUES

Arthrite

Les douleurs de l'arthrite sont dues à l'obstruction d'un canal énergétique et au ralentissement de la circulation de l'énergie vitale et du sang.

Sciatique

C'est une réaction de l'organisme à un manque d'exercice physique ou à un déséquilibre de l'alimentation.

Accidents cardiovasculaires

Lorsque les reins sont déficients ou que l'on est envahi par la colère et l'irritation, l'énergie du foie se bloque et envahit la tête.

Une autre cause possible est l'obésité : l'excès en alimentation grasse augmente le risque d'accident cardiovasculaire.

Maux de tête

Le dysfonctionnement du foie ou de la vésicule biliaire doit être suspecté.

Les maux de tête accompagnés de palpitations, de pâleur et d'un sentiment de profonde lassitude peuvent indiquer une déficience du sang.

Ulcères à l'estomac

Ils surviennent chez les personnes obèses ou en cas d'excès de nourriture et de boissons qui distendent l'estomac. L'absorption fréquente d'aliments froids (sandwichs, boissons froides ou glacées) peut en être la cause.

La colère et la dépression nerveuse agissent aussi sur le foie dont l'énergie se libère et attaque l'estomac.

Sinusite

La sinusite indique une faiblesse de l'énergie des poumons.

Bronchite

La bronchite survient lorsque l'énergie des poumons est très affaiblie, ce qui affecte parfois d'autres organes comme le foie, la rate et les reins.

Plusieurs autres infections ou inflammations proviennent d'un déséquilibre d'alimentation, d'énergie ou encore d'une carence au niveau du sang.

Il est important d'identifier la cause d'un trouble de manière à y remédier par une meilleure alimentation, un meilleur mode de vie, la pratique d'exercices et une meilleure hygiène mentale. Il faut chercher à harmoniser les énergies pour conserver la santé.

Les médecines naturelles de la Chine et de l'Inde ont une vision bien précise de la santé : « Être en bonne santé ne consiste pas à souffrir d'aucune maladie, ni à ne sentir aucune douleur, ni à ne sentir aucune fatigue, mais bien à se sentir heureux et plein d'énergie. » L'état de santé est reflété par l'état des quatre dimensions suivantes :

- l'apparence physique,
- le bon fonctionnement interne,
- l'état d'esprit,
- le comportement.

Le concept de santé implique beaucoup plus qu'un simple bien-être, il débouche sur un bien-être sur le plan social. L'état de santé d'une personne est mesuré par des méthodes précises et objectives : l'examen du teint et des yeux, l'auscultation du pouls, qui renseigne sur l'état énergétique des organes internes, l'examen de l'urine et des selles, etc. Quelques indices faciles à repérer sur soi-même permettent de dresser un bilan de santé rapide et de pouvoir ainsi prévenir une maladie qui n'est pas encore apparente.

Ainsi, si le blanc des yeux se colore ou se couvre de vaisseaux sanguins, la santé peut être menacée.

Si le blanc des yeux devient rouge, cela peut signifier qu'il y a fatigue, congestion du foie ou du cœur.

Si le blanc des yeux devient jaunâtre, des troubles digestifs peuvent en être la cause (rate, foie, vésicule).

De nombreux médecins pratiquant la médecine chinoise considèrent que «la santé mentale est plus importante que la santé physique, car vous pouvez créer n'importe quelle maladie si vous vous maintenez dans un état dépressif». De même, «un tempérament doux est la racine d'une vie longue et heureuse, un tempérament chaud est le début de tous les troubles». Contrôler ses émotions sans sentiment de frustration, développer sa conscience, c'est-à-dire être ouvert à la connaissance des choses, modérer ses désirs, en somme être philosophe et ne pas courir après le bonheur – d'après les philosophes taoïstes, c'est là le meilleur moyen de le faire fuir à grands pas – tels sont les secrets d'une bonne santé.

Un vieux proverbe philosophique résume l'idée orientale de la santé mentale, qui est bien à l'opposé de la course stressante de notre monde actuel: «Ceux qui sont satisfaits de ce qu'ils ont, dussent-ils être pauvres, seront heureux. Ceux qui sont toujours insatisfaits, même s'ils sont riches, ceux-là seront malheureux.»

LISTE DE PLANTES TONIQUES POUR LES ÉNERGIES

Ail

Hypertension, perte des cheveux, mauvaise mémoire, idées noires, fatigue de la vue, maux de gorge, faiblesse de la voix, troubles des poumons, mauvaise circulation, mauvaise assimilation, parasites intestinaux, douleurs abdominales, douleurs arthritiques, œdèmes et hémorroïdes.

Angélique ou Dong Quai

Bouffées de chaleur, anémie, mauvaise circulation sanguine, règles douloureuses et anormales, stérilité, constipation chez les femmes, douleurs rhumatismales.

Armoise

Somnambulisme, torticolis, manque d'entrain, règles excessives, troubles des règles (régulateur de règles), fatigue.

Cannelle

Neurasthénie, hypotension, crainte du froid, toux, indigestion chronique, diarrhée chronique, douleurs menstruelles, arrêt des règles, froid aux mains et aux pieds.

Gingembre

Sensibilité aux refroidissements, manque d'appétit, mauvaise digestion, selles liquides, règles en retard.

Ginseng

Anxiété, maux de tête, neurasthénie, bourdonnements d'oreilles, teint pâle, vision trouble ou faible, palpitations, souffle court, manque d'appétit, règles irrégulières, arrêt des règles, selles molles, troubles chroniques de l'énergie, froid aux mains et aux pieds, fatigue générale.

Girofle

Irritabilité, polypes du nez, sinusites, tendances schizophréniques, haleine fétide, transpiration odorante, diarrhée chronique, stérilité fonctionnelle, ulcérations de la peau.

Poivre noir

Manque de mémoire, idées noires, refroidissements fréquents, indigestion chronique, constipation chronique.

Réglisse

Tempérament nerveux, fièvres peu élevées, troubles respiratoires, palpitations, douleurs digestives, encrassement digestif, constipation chronique.

Sésame

Peau blanche et sèche, fatigue nerveuse, mauvais état de la peau, poids insuffisant ou excessif, paresse intestinale, stérilité fonctionnelle, pertes vaginales.

ALIMENTATION CONSEILLÉE POUR CERTAINS TROUBLES

Constipation

Sarrazin, riz complet, pomme, banane, miel, poire, lait, huile de sésame, huile de soja, épinard, oignon, poisson, poivre.

Chute des cheveux

Fraises, cerises, bœuf, céleri.

Dépression

Blé, riz, jaune d'œuf, sirop de canne, calmar.

Diabète

Prune, millet, échalote, poire, ciboulette, radis, poulet, épinard, pomme de terre, mandarine, asperge.

Diarrhée

Orge, millet, jaune d'œuf, riz, pomme de terre, champignons, carotte, gingembre, ail, poivre, poisson.

Fatigue

Prune, choux, oignon, jaune d'œuf, noix.

Hypertension

Céleri, riz, pain, épinard, carotte, pomme.

Hémorroïdes

Aubergine, blé, champignons, légumes verts et fromage.

Indigestion

Pomme, pamplemousse, orange, orge, petits pois, carotte, jaune d'œuf, huile de sésame.

Insomnie

Tisane de fleur d'oranger ou tisane de valériane.

Manque d'appétit

Mandarine, maïs, tomate, champignons, carotte, dattes, poulet, pamplemousse, ail.

Peau

Aubergine, asperge, menthe, sésame, poulet, petits pois, orange.

Rhumatismes

Raisin, ciboulette, échalote, soja, gingembre, noix, carotte, chou, pomme.

Rhume

Olives, asperge, menthe, oignon, gingembre, amandes.

Toux

Pomme, mangue, miel, pêche, mandarine, radis, olives.

Vomissements et nausées

Gingembre.

Yeux

Laitue, huîtres et maïs.

CARACTÉRISTIQUES DE LA VITALITÉ INDIVIDUELLE

Chaque personne a un bagage vital prédestiné à sa naissance. Il semblerait que la race, l'hérédité, l'évolution personnelle et l'état acquis interviennent sur la qualité et la quantité de la vitalité.

Durant sa période de formation, l'organisme humain reçoit des forces vitales provenant des efforts de la famille dont chacun est issu. À l'âge adulte, une fois le développement corporel terminé, achevé, chacun doit travailler pour conserver cette vitalité.

Capital vital natif

Il existe différentes façons de mesurer la vitalité.

Le travail manuel, le geste, l'écriture, la distribution magnétique des forces vitales attisent l'influx vital vers les mains et le font s'échapper par les extrémités des doigts. Celui-ci se retrouve inscrit dans les lunules des ongles.

Il y a des variations de vitalité selon les années et les saisons. On remarque que les déclins de santé se situent souvent entre les mois de février et de mai.

Les différences de sexe amènent à dire que l'homme, par sa constitution, est plus actif, plus musculaire et doté d'un potentiel de vitalité plus grand que la femme.

On a non seulement l'âge de nos artères, mais aussi, pour beaucoup, l'âge de notre capital vital inné et de l'emploi qu'on en a fait.

Signes de vieillesse

Taches brunes sur les mains et le visage, cercle blanc de l'iris, dessèchement et rides de la peau, jaunissement des dents, desquamation de la langue, noircissement de l'ongle du gros orteil, effacement des plis de la paume.

Le stress se manifeste par certains détours comme l'inactivité, la fatigue, le peu de communication, l'intériorisation, le déclin de la mémoire, la perte d'énergie et d'enthousiasme, l'agressivité, le manque de motivation et le manque de contrôle des émotions (peut-être même le goût du suicide).

La personne âgée qui ne reçoit aucune visite et qui n'a pas d'activité risque de se sentir inutile et de penser parfois à la mort comme seule solution à ce délaissement. Elle n'a pas de but et est prisonnière de la vie.

Les dépressifs choisissent souvent le suicide par consommation de médicaments, d'alcool ou d'autres substances qui, subtilement, les amènent là où ils le désirent, c'est-à-dire à la mort.

Le stress de la vie, les changements rapides, la difficulté d'adaptation empêchent les gens d'évoluer normalement et ils ont alors besoin d'une béquille jusqu'à ce qu'ils se prennent en main ou, le contraire, jusqu'à ce qu'ils deviennent entièrement dépendants d'une autre personne.

On peut prévenir l'abus de médicaments chez les personnes vieillissantes en leur expliquant les effets secondaires de ceux-ci sur l'organisme et en leur apprenant à devenir plus indépendants face à ce genre de béquilles.

Les suggestions à apporter à ce propos sont :

- Exercer un suivi de la personne vieillissante (sur les plans professionnel, médical et social) ;
- Lui apprendre à se prendre en main ;
- Lui offrir des activités : sorties sociales, voyages, écoute de la musique, artisanat, randonnées, soirées dansantes ;
- L'inciter à faire du bénévolat ;
- L'aider à s'organiser pour être en meilleure santé, la sensibiliser aux bienfaits de la santé mentale et physique ;
- Lui réapprendre la vie, redonner un sens à sa vie ;
- L'encourager à faire de l'exercice, lui apprendre à se relaxer ;
- Lui donner le goût de cuisiner et de partager des repas avec les gens de son entourage.

Chaque personne est responsable de sa santé. Lorsqu'un médecin nous donne une prescription, nous devons lui demander les effets secondaires et la durée de prise du médicament. Se prendre en main est la façon sûre de ne pas dépendre des médicaments. Si la personne vieillissante n'a pas le désir profond d'être autonome, elle demeurera dépendante de ses béquilles.

Nous sommes à 60 ans ce qu'on était à 30 ans. Si vous étiez actifs à 30 ans, à moins, bien entendu, d'un évènement grave qui pourrait se produire, vous devriez continuer à garder cette capacité de mordre dans la vie. Une panoplie de raisons explique le choix de se garder en forme. On peut dire que la personnalité influe sur la santé mentale tant positivement que négativement. Le bonheur se travaille, se prépare et laisse place à la sérénité, sinon la souffrance s'installe et ne peut plus quitter la personne inactive et désintéressée de la vie.

La santé mentale est importante à tout âge. Si on ne l'a pas cultivée jeune, elle n'apparaîtra pas soudainement à 65 ans. Il est aussi important de s'occuper de son énergie mentale que de son énergie physique et si la société savait, le comprenait et passait à l'action pour améliorer nos modes de pensée et d'agissement, la vieillesse se vivrait en douceur et en harmonie avec soi et son entourage.

Il faut assurer de ne pas s'isoler des autres et d'avoir un soutien social comme moyen de prévention. Entre 10 % et 20 % des personnes de 65 ans et plus ont vécu un épisode dépressif : tristesse, perte d'appétit, perte d'intérêt, manque de motivation, inquiétude, troubles de sommeil, perte d'énergie, voire hausse de l'agressivité, etc. La personne âgée ne se sent pas à l'aise dans la vie de tous les jours. Elle est attachée à son passé de façon exagérée, et c'est un peu sa façon de ne pas tenir compte de la réalité.

Il m'apparaît important de prendre part à l'amélioration des conditions de vie sociale, économique, physique et mentale des personnes vieillissantes. Le mode de vie des baby-boomers et des personnes du jeune âge qui ont toujours semé la vie reflète leur lucidité, leur simplicité, leur facilité à comprendre et à enseigner la vie et sa brochette de couleurs.

Je crois profondément que le groupe des baby-boomers et celui du jeune âge sont en train de construire une nouvelle façon d'avancer en âge tout en restant utile à soi-même et à son entourage. C'est une façon de prendre sa place et de permettre aux autres d'en faire autant.

Autrefois, la personne âgée vivait retirée avec ses enfants sans trop déranger l'entourage. Elle attendait la mort. Le seul passe-temps qu'elle avait était de raconter ses souvenirs à qui voulait bien l'entendre. Ses connaissances pouvaient servir aux personnes qui l'entouraient.

Aujourd'hui, tout est différent. Les gens meurent beaucoup plus tard qu'autrefois. Certaines personnes décident même de ne pas prendre leur retraite et de continuer à servir la société à temps plein ou partiel, avec ou sans salaire.

Les temps ayant changé, les personnes vieillissantes s'autosuffisent tant matériellement que socialement.

On rencontre maintenant des personnes vieillissantes qui s'impliquent dans des associations pour défendre des droits politiques, économiques, environnementaux, humains et culturels.

Chaque personne est appelée à se prendre en main en ce qui concerne la santé. La prévention devient importante pour éviter les maladies et se permettre un meilleur mode de vie.

Une formule qui pourrait être intéressante serait de créer une mise graduelle à la retraite en réduisant la semaine de travail en étendant les périodes de congé de façon à habituer le futur retraité à vivre son loisir et son détachement. Créer des horaires flexibles, recycler la main-d'oeuvre, diminuer la semaine de travail pour faire place à différentes activités, réaménager les postes de travail, installer des programmes de service à domicile plus perfectionnés sont des moyens qui pourraient être appliqués.

Sur le plan de la santé publique, on pourrait :

– Augmenter les soins et les services pour les personnes vieillissantes ;
– Enseigner aux gens à mieux s'alimenter ;
– Encourager les baby-boomers et les personnes du jeune âge à faire de l'exercice ;
– Aider les personnes vieillissantes à développer une attitude mentale positive ;
– Faire de la prévention lorsqu'un malaise physique ou psychologique apparaît ;
– Informer sur les méfaits de la surconsommation de médicaments et d'alcool.

Il nous est permis de garder espoir face à la réorganisation de la santé chez les baby-boomers et les personnes du jeune âge.

Plusieurs organismes invitent les personnes de 50 ans et plus à s'impliquer pour se garder actifs: soirées dansantes, jeux de cartes, bingo, cinéma, visites de musées, soupers au restaurant, voyages, études, etc., autant de témoignages que, à 50 ans et plus, nous sommes encore vivants et prêts à entreprendre une nouvelle vie.

Chapitre 4

LA CURE DE DÉSINTOXICATION

On remarque souvent que, à l'automne et au printemps, les gens sont moins souriants et plus fatigués. Des troubles de digestion, une perte de vitalité et même des dépressions surgissent. Que se passe-t-il dans notre organisme et comment peut-on remédier à cette situation?

Nous sommes des gens propres et pourtant nous oublions de nettoyer ce qui est le plus important dans notre environnement, soit notre corps. On fait le grand ménage dans nos affaires, mais on omet de désintoxiquer notre organisme qui, lui aussi, est parfois rempli de déchets accumulés.

La cure de désintoxication a pour but de nettoyer le système digestif de ses toxines par divers traitements, de l'eau et une alimentation surtout axée sur les légumes et les fruits.

Pratiquement tous les organes et tissus de notre corps baignent dans une solution de nourriture et d'oxygène constamment renouvelée. Le sang procure la nourriture aux organes et aux tissus.

Chaque acte, chaque processus de réparation et de développement est un appel local aux ressources du corps tout entier.

Le sang contient de vastes ressources pour subvenir à toutes les parties et à toutes les fonctions du corps. Les individus sains n'ont aucune difficulté à se procurer la nourriture nécessaire à leurs organes et fonctionnent avec leurs aliments. Cela signifie que les aliments naturels ordinaires sent suffisamment variés pour satisfaire tous leurs besoins et qu'ils n'ont pas besoin d'aliments spéciaux pour entretenir certaines fonctions ou certains organes.

Si ces aliments sont adéquats pour les gens sains, ils sont également suffisants pour les personnes plus faibles ; les aliments spéciaux ont donc peu de valeur pour renforcer les forces affaiblies. Les cures de désintoxication sont alors utiles pour prévenir la maladie.

Suralimenter un corps malade avec certains aliments ne rétablit pas la santé. Les suppléments ne réussissent pas à faire ce travail puisque la solution est déjà installée dans notre système. Les suppléments ne peuvent atteindre pareil objectif et suppléer aux carences alimentaires. Donc, rien ne va plus. L'intoxication est le premier facteur de déséquilibre de la santé et la carence en minéraux et en vitamines en est le second.

Comment faire pour ramener la vitalité de notre corps ?

1. Éliminer les toxines (par une cure).

2. Combler nos carences.

Le corps étant surchargé de toxines, on doit soigner le pancréas, les intestins, le sang, les reins, le foie, la vésicule biliaire.

LES CARENCES

Plusieurs maladies sont causées par des carences. Pour combler ces dernières, on peut boire des jus de fruits ou de légumes qui sont riches en minéraux et en vitamines. Mais lorsque le sang est rempli de toxines, on ne peut avoir une amélioration, même si on mange des aliments nutritifs et sains. Effectivement, on doit régulièrement faire le ménage du système digestif pour purifier le sang et fortifier ses organes.

LES TOXINES

Comment les éliminer ? En réduisant la quantité d'aliments que nous absorbons dans une journée, en respectant les combinaisons alimentaires, en mangeant plus de fruits et de légumes, en évitant le sucre ou en le limitant à de très petites quantités (que ce soit sous forme de fruits, de sirop d'érable pur, de miel ou de tout autre produit pur) et en buvant beaucoup d'eau, distillée de préférence. On peut aussi se préparer des jus de fruits ou de légumes à la maison. On préférera les tisanes au café ou aux boissons gazeuses ou autres et on réduira les portions de viande et de produits laitiers.

Il serait préférable de suivre cette cure durant environ deux à trois semaines pour permettre au corps de faire un bon nettoyage et d'éliminer le surplus de résidus accumulés. Bien sûr, il existe des cures plus draconiennes, mais si on choisit ce genre de méthode, on devra se faire diriger par un conseiller en santé.

LES DIFFERÉNTES SORTES DE CURE

1. Cure de jus de raisins, de carottes, de choux ou autres. Il s'agit ici de ne s'alimenter que de jus d'un seul type accompagné d'eau de source ou distillée. Cette cure doit être suivie pendant quelques jours.
2. Cure à différentes sortes de jus (de légumes et de fruits). Prendre environ l'équivalent de six verres de jus de légumes pour un à deux verres de jus de fruits par jour (selon, bien entendu, une

quantité adaptée au poids et à la demande du corps). Suivre cette cure pendant environ une semaine.

3. Cure à l'œuf citron (pour reminéraliser l'organisme). L'œuf bio est recommandé. Prendre le soir un œuf entier (à coquille intacte et bien nettoyée), le déposer dans une tasse de café comblée de jus de citron et laisser reposer toute la nuit. Prélever le liquide un peu pâteux résultant de cette macération et l'absorber tel quel à jeun. Suivre cette cure pendant environ une semaine. Bien entendu, dans ce cas, nous n'arrêtons pas de manger.
4. Cure à l'aloès (le nectar ou le gel). Cette cure aide les organes digestifs à se nettoyer, redonne de l'énergie et permet enfin au système de faire son travail. Suivre cette cure pendant environ une à deux semaines. Bien entendu, dans ce cas, nous n'arrêtons pas de manger.

Bien d'autres cures existent. Il y a des magasins de produits naturels qui fournissent une variété de comprimés pour nettoyer le système digestif et pour éviter la déshydratation et la déminéralisation de l'organisme (là encore, il faut s'informer auprès d'un conseiller en santé).

Le jeûne est un autre moyen utilisé pour nettoyer le corps. Il faut au préalable s'assurer, par une analyse sanguine ou un examen médical, qu'on ne souffre d'aucune carence. Il s'agit ici de se désintoxiquer et non de se rendre malade. Chacun choisit la cure de désintoxication qui lui convient. Pour certains, il s'agira de diminuer les quantités alimentaires ou de boire plus d'eau ; pour d'autres, il s'agira de suivre un régime prescrit par un professionnel de la santé.

Je recommande au moins deux cures durant l'année, soit au printemps et à l'automne. Le plus important est de faire une cure lorsqu'on en ressent le besoin, c'est-à-dire quand la fatigue se fait sentir, ou lorsque l'on gagne du poids facilement sans parvenir à le perdre.

Une fois la cure terminée, il faut alors s'occuper des carences, qui peuvent être totalement différentes d'une personne à l'autre. Pour certains, un apport de certaines vitamines sera prescrit ; pour d'autres, des minéraux seront conseillés. Un régime alimentaire plus équilibré peut être recommandé. Faire de l'exercice permet un meilleur fonctionnement de notre laboratoire humain. Enfin, lorsque le corps a retrouvé sa vitalité et que l'esprit est sain, chaque être humain se sent mieux, plus heureux, de bonne humeur et jouit d'une plus grande longévité.

S'il est vrai que les yeux sont le miroir de l'âme, combien de personnes pourrions-nous classer parmi les gens ternes, tristes, vides et j'en passe ? Lorsque, en effet, on suit une cure et que l'on observe notre teint et nos yeux, on y remarque un éclat de santé, un regard doux, gai, pétillant, vif et transparent. Pourquoi alors ne pas prendre les dispositions nécessaires pour avoir un tel regard ?

Chapitre 5

MINÉRAUX ET OLIGOÉLÉMENTS

CALCIUM

FONCTIONS : aide à la formation des os, à la coagulation du sang, au rythme cardiaque, calme les nerfs, favorise la croissance et les contractions musculaires, régularise le pH sanguin, aide à l'assimilation des vitamines et des minéraux.

FACTEURS DÉFAVORABLES : sucres industriels, inactivité, stress, excès d'acide.

SYMPTÔMES DE CARENCE : crampes, arthrite, irritabilité, palpitations, insomnie, caries dentaires, engourdissement des membres inférieurs et supérieurs.

USAGES THÉRAPEUTIQUES : arthrite, symptômes de vieillissement, maux de dos, tremblements des doigts, crampes des pieds et des jambes, insomnie, crampes menstruelles, problèmes de ménopause, nervosité, surpoids et rhumatismes.

SOURCES : lait, fromage, mélasse verte, yaourt, poudre d'os, amandes, foie de bœuf.

CHROME

FONCTIONS : facteur essentiel dans les maladies de tolérance du sucre.

SYMPTÔMES DE CARENCE : diabète, hypoglycémie, cataracte, artériosclérose.

USAGES THÉRAPEUTIQUES : aide dans le cas de l'artériosclérose, est lié à l'hyperinsulinémie, accroît l'effet de l'insuline sur la conversion des glucoses en graisse.

SOURCES : germe de blé, poivre noir, foie, rognons, céréales, fromage, mélasse verte, levure de bière.

CUIVRE

FONCTIONS : équilibre les besoins des cellules, exerce une action immunitaire, transporte l'oxygène dans le sang, combat les infections, aide le système nerveux et favorise les globules rouges, donne de l'élasticité musculaire et aide à l'assimilation de la vitamine C.

FACTEURS DÉFAVORABLES : aliments dénaturés, zinc en excès.

SYMPTÔMES DE CARENCE : artériosclérose, lésions cérébrales, anémie, asthénie, troubles psychiques, ostéoporose, chute des poils, maladie de la peau.

USAGES THÉRAPEUTIQUES : anémie, calvitie, asthénie, grisonnement des cheveux, troubles psychiques, fatigue générale

SOURCES : plantes maraîchères, fruits de mer, foie d'animaux, grains entiers, amandes, légumes séchés, fève soya, noix du Brésil, raisins et orge.

FER

FONCTIONS : donne une coloration rouge aux globules, aide au sang à transporter l'oxygène à la grandeur de l'organisme, aide à l'assimilation des protéines et à la pigmentation des cheveux et de la peau.

FACTEURS DÉFAVORABLES : café, phosphore, thé, excès de zinc.

SYMPTÔMES DE CARENCE : anémie, œdème, fatigue, mauvaise respiration.

USAGES THÉRAPEUTIQUES : anémie, œdème, fatigue, difficultés respiratoires, ongles cassants, peau pâle, alcoolisme, colite, problèmes menstruels.

SOURCES : foie desséché, huîtres, cœur d'animal, viande maigre, feuilles vertes des végétaux, œufs, soya, mélasse verte, noix.

IODE

FONCTIONS : aide au fonctionnement de la glande thyroïde.

SYMPTÔMES DE CARENCE : crétinisme, hypothyroïdie, et goitre.

USAGES THÉRAPEUTIQUES : abaissement du métabolisme basal, augmentation de la vitalité, contrôle des oxydations cellulaires, croissance et développement physique et mental.

SOURCES : fruits, poisson, huile de foie de morue, algues marines.

LITHIUM

FONCTIONS : équilibre les psychoses, dont la psychose maniaco-dépressive.

SYMPTÔMES DE CARENCE : instabilité psychique.

USAGES THÉRAPEUTIQUES : maniaco-dépressions.

SOURCES : racines de végétaux, organes d'animaux, sang.

MAGNÉSIUM

FONCTIONS : métabolise les sucres dans le sang, assimile le calcium et la vitamine C, aide à la formation des cellules des poumons, rétablit le rythme cardiaque et soulage les contractions musculaires, équilibre le pH acide et basique.

FACTEURS DÉFAVORABLES : alcool, excès de protéines, diurétiques, diarrhée.

SYMPTÔMES DE CARENCE : confusion, désorientation, colères faciles, nervosité, battements de cœur rapides, tremblements.

USAGES THÉRAPEUTIQUES : artériosclérose, hypertension, irritabilité, alcoolisme, excès de cholestérol, dépression, pierres aux reins, troubles de prostate, nervosité, insomnie, surpoids, caries dentaires, hyperactivité de l'estomac, hypersensibilité au bruit.

SOURCES : son, miel, légumes verts, épinard, poudre d'os, algues, flocons de son, thon et produits de la mer.

MANGANÈSE

FONCTIONS : active les enzymes, favorise la croissance et la reproduction des hormones sexuelles, aide à la respiration des tissus, métabolise les vitamines B.

FACTEURS DÉFAVORABLES : aliments dénaturés, excès de phosphore et de calcium.

SYMPTÔMES DE CARENCE : vertiges, diabète, désordre glandulaire, ataxie, perte de l'ouïe, bourdonnements d'oreille.

USAGES THÉRAPEUTIQUES : équilibre glandulaire, allergies, asthme, diabète, fatigue.

SOURCES : bananes, son, céleri, céréales, jaune d'œuf, légumes verts, foie et noix.

PHOSPHORE

FONCTIONS : équilibre le calcium, aide au développement et au fonctionnement de l'ossature, du système nerveux et des reins, assimile les lipides, glucides et protides, sert à la formation des dents, favorise la croissance et la réparation des cellules, produit de l'énergie, stimule le muscle cardiaque et l'activité nerveuse et musculaire, sert aussi à l'utilisation des vitamines.

FACTEURS DÉFAVORABLES : sucres industriels, gras saturés, aluminium, fer, excès de magnésium.

SYMPTÔMES DE CARENCE : fatigue, nervosité, perte ou excès de poids, mauvaise respiration, perte d'appétit, troubles nerveux.

USAGES THÉRAPEUTIQUES : arthrite, cancer, stress, maladies mentales, arrêt de croissance, troubles des dents et des gencives.

SOURCES : œuf, poisson, viandes, fromage, volaille, foie, produits laitiers, noix, grains entiers, lécithine.

POTASSIUM

FONCTIONS : favorise l'activité neuro-musculaire et rénale, contrebalance le sodium, aide aux battements du cœur, favorise la croissance rapide, les contractions musculaires, sert de tranquillisant nerveux.

FACTEURS DÉFAVORABLES : alcool, café, excès, sel, sucre, cortisone, diurétiques, laxatifs et stress.

SYMPTÔMES DE CARENCE : soif, peau sèche, insomnie, constipation, acné, arythmie, faiblesse, nervosité et réflexes faibles.

USAGES THÉRAPEUTIQUES : allergies, troubles de nervosité, neuromusculaires, acné, alcoolisme, brûlures, maladies cardiovasculaires, congestions, infarctus du myocarde.

SOURCES : dattes, figues, pêches, mélasse verte, tomates, arachides, bananes, raisins, fruits de mer, pommes de terre, oranges, légumes verts.

SÉLÉNIUM

FONCTIONS : sert d'antioxydant, protège la peroxydation toxique des lipides membranaires, stimule le système immunitaire, aide à l'élasticité des tissus antioxydants.

FACTEURS DÉFAVORABLES : cuisson des aliments qui en contiennent.

SYMPTÔMES DE CARENCE : dystrophie musculaire, anémie hémolytique, amaigrissement, arthrite rhumatoïde, vieillissement prématuré et désordres mentaux et nerveux.

USAGES THÉRAPEUTIQUES : nécrose du foie et du pancréas, cardiomyopathies, anémie hémolytique, cataracte, agrégation plaquettaire, manque de résistance aux infections, cancer des poumons, du sein et du côlon, fibrose kystique, faiblesse cardiaque, rétrécissement des artères, cancer, vieillissement.

SOURCES : thon, viande, tomate, céréales complètes et germe de blé, son, foie, noix et ail.

SILICIUM

FONCTIONS : aide à la croissance et à la calcification des os, maintient des tissus conjonctifs.

SYMPTÔMES DE CARENCE : vieillissement accéléré.

USAGES THÉRAPEUTIQUES : artériosclérose, vieillissement des tissus conjonctifs des articulations et des vaisseaux sanguins, infarctus.

SOURCES : son, fibres végétales et prêle.

SODIUM

FONCTIONS : a un rôle dans la salive, la bile et les acides pancréatiques, équilibre le pH sanguin, aide à la contraction des muscles, à l'équilibre du liquide cellulaire et à l'impulsion des nerfs.

FACTEURS DÉFAVORABLES : chlorure, manque de potassium, diurétiques, désordres digestifs et sudation excessive.

SYMPTÔMES DE CARENCE : perte d'appétit, gaz intestinaux, perte de poids, vomissements, rétrécissement musculaire, assimilation imparfaite des gras.

USAGES THÉRAPEUTIQUES : fièvre, déshydratation, renforcement des nerfs, arthrite, eczéma, psoriasis, acné.

SOURCES : carottes, fruits de mer, betteraves, algues, volaille, viandes.

ZINC

FONCTIONS : assimile les glucides, les protides et le phosphore, aide au fonctionnement de la prostate, facilite la régénération des cellules, aide à la cicatrisation, favorise l'assimilation des vitamines B, la guérison des brûlures et des plaies, la digestion des hydrates de carbone, la croissance et le développement des organes reproducteurs.

FACTEURS DÉFAVORABLES : alcool, manque de phosphore, excès de calcium.

SYMPTÔMES DE CARENCE : retard de croissance, blessures lentes à cicatriser, stérilité, perte de goût, fatigue, faible appétit, retard de la maturité sexuelle.

USAGES THÉRAPEUTIQUES : alcoolisme, artériosclérose, calvitie, cirrhose, diabète, guérison des plaies et des blessures internes et externes, élimination du dépôt de cholestérol, manque de fécondité, prostate.

SOURCES : grains entiers, germe de blé, graines de citrouille, levure de bière, foie, produits de la mer, soya, épinard, champignons, graines de tournesol.

Chapitre 6

LES VITAMINES

VITAMINE A

APPELLATIONS : bêta-carotène, procarotène ou rétinol.

PROPRIÉTÉS : favorise la croissance des os, maintient certains tissus de l'oeil, de la peau, des poumons, fournit une résistance à l'infection, agit sur les muqueuses.

SIGNES PATHOLOGIQUES : allergies, pâleur, manque d'appétit, cheveux secs, yeux irrités, perte de l'odorat, trouble des sinus, émail dentaire fragile, faible résistance aux infections, peau sèche et rugueuse, mauvaise vision nocturne, affections muqueuses.

USAGES THÉRAPEUTIQUES : acné, alcoolisme, allergie, arthrite, asthme, bronchite, cystite, refroidissement, diabète, eczéma, migraines, psoriasis, stress, hépatite, sinusite, problèmes de dents et de gencives, kératinisation, cancer et problèmes cardiaques.

SOURCES DE VITAMINE A : fruits verts et jaunes, légumes, huile de foie de poisson, épinard, carotte, abricot, foie de bœuf, œufs, chou, produits laitiers.

SUPPLÉMENTS : huile de foie de morue, huile de foie de flétan, comprimés de bêta-carotène.

ÉLÉMENTS DESTRUCTEURS : alcool, café, fer en excès, huile minérale, carence en vitamine D.

VITAMINE B_1

APPELLATION : thiamine.

PROPRIÉTÉS : agit sur les muscles, les nerfs et les glandes, donne de l'énergie, maintient le tonus musculaire, favorise la digestion et l'assimilation.

SIGNES PATHOLOGIQUES : acné, anémie, constipation, excès de cholestérol, troubles digestifs, fatigue, cheveux ternes, secs, perte de cheveux, insomnie, peau sèche et rugueuse, dépression, perte de mémoire et incapacité de se concentrer.

USAGES THÉRAPEUTIQUES : sénilité, psychose, alcoolisme, allergies, béribéri, anémie, calvitie, cystite, surdose barbiturique, problèmes cardiaques, hypoglycémie, règles difficiles, migraine, stress, irritabilité et souffle court.

SOURCES DE VITAMINE B_1 : blé entier, riz, seigle, orge, avoine, foie, arachides, légumes, fruits, jaune d'œuf, levure de bière, poulet, asperges, gruau, soya.

SUPPLÉMENTS : comprimés de complexes B et C.

ÉLÉMENTS DESTRUCTEURS : alcool, café, infection, stress, excès de sucre, diarrhée et fièvre.

VITAMINE B_2

APPELLATIONS : riboflavine ou lactoflavine.

PROPRIÉTÉS : favorise l'assimilation des lipides et des glucides, protège le foie, aide au métabolisme du fer et à la formation des globules rouges.

SIGNES PATHOLOGIQUES : altération du développement normal du cerveau, nervosité, couleur de la langue et des commissures des lèvres, cheveux gras, peau squameuse autour du nez et des sourcils, vue trouble, baisse des globules rouges.

USAGES THÉRAPEUTIQUES : action sur le caractère, perte de cheveux, vaginites, manque d'entrain.

SOURCES DE VITAMINE B_2 : levures, céréales, rognons, organes d'animaux, légumes verts, soya, fromages et autres produits laitiers.

SUPPLÉMENTS : comprimés des complexes B et C.

ÉLÉMENTS DESTRUCTEURS : alcool, café, sucre et graisses.

VITAMINE B_3

APPELLATION : niacine.

PROPRIÉTÉS : favorise l'assimilation des glucides, aide à la respiration des cellules, est un tranquillisant naturel.

SIGNES PATHOLOGIQUES : schizophrénie, sénilité, dépression, problèmes d'articulation, irritabilité, ballonnements, fatigue, problèmes intestinaux et maux d'estomac.

USAGES THÉRAPEUTIQUES : sénilité, insomnies, nausées, troubles digestifs, problèmes de circulation, ulcérations, maux de tête, dépression, caillots sanguins, fatigue, arthrite, pellagre.

SOURCES DE VITAMINE B_3 : levure de bière, céréales, rognons, foie, viandes maigres, volaille, poisson et arachides.

SUPPLÉMENTS : comprimés de complexes B et C.

ÉLÉMENTS DESTRUCTEURS : alcool, café, excès de sucre.

VITAMINE B_5

APPELLATIONS : acide pantothénique ou d-panthénol.

PROPRIÉTÉS : agit sur le gras et le sucre, favorise la formation d'anticorps et le fonctionnement des glandes surrénales.

SIGNES PATHOLOGIQUES : colite, stress, diminution des globules blancs, infections, cholestérol, bruxisme, allergies.

USAGES THÉRAPEUTIQUES : état dépressif, perte de cheveux, diarrhée, vieillissement prématuré, hypoglycémie, cholestérol élevé, colite, digestion, oxygénation, bon fonctionnement des glandes surrénales, infections, acide urique, convalescence, combat les rayons X, allergies, gens qui serrent les dents pendant leur sommeil (bruxisme).

SOURCES DE VITAMINE B_5 : levure de bière, riz brun, gruau, germe de blé, céréales entières, champignons, produits laitiers, arachides, poulet, légumes verts, soya.

SUPPLÉMENTS : comprimés de complexes B et C.

ÉLÉMENTS DESTRUCTEURS : café et alcool.

VITAMINE B_6

APPELLATION : pyridoxine.

PROPRIÉTÉS : agit sur le gras et le sucre ainsi que sur les acides aminés, contrôle le niveau de magnésium dans le combat des excroissances.

SIGNES PATHOLOGIQUES : sautes d'humeur, acné, stérilité, calculs biliaires, douleurs et raideurs aux mains et aux doigts, manque de larmes.

USAGES THÉRAPEUTIQUES : enfants autistiques, calculs biliaires, pierres aux reins, spasmes musculaires, syndrome du nerf carpien, chevilles et pieds enflés, stérilité, troubles menstruels, rétention d'eau, problèmes de peau, convulsions, dépression, problèmes d'équilibre hormonal, ménopause.

SOURCES DE VITAMINE B_6 : levure de bière, riz brun, gruau, germe de blé, céréales entières, oranges, poires, foie, poulet, légumes verts, soya et produits laitiers.

SUPPLÉMENTS : comprimés de complexes B et C.

ÉLÉMENTS DESTRUCTEURS : alcool, café, insecticides, cigarette, irradiations.

VITAMINE B_8

APPELLATION : biotine.

PROPRIÉTÉS : aide à refaire la flore intestinale, joue sur la réparation des tissus, métabolise les gras insaturés et glucides.

SIGNES PATHOLOGIQUES : système immunitaire faible, fatigue, acide lactique dans le sang, manque de résistance, problèmes aux intestins, desquamation du nourrisson.

USAGES THÉRAPEUTIQUES : protège les bactéries dans les intestins, combat les doses massives de médicaments dans le sang, aide les enfants non nourris au sein, les gens qui se brûlent et qui s'ébouillantent, les personnes âgées et les athlètes, eczéma, arythmie cardiaque, dépression, malaria.

SOURCES DE VITAMINE B_8 : foie de veau, abats d'animaux, œufs, flétan, poissons, pamplemousse, tomate, orange, cheddar, pain de blé entier et fromage.

SUPPLÉMENTS : comprimés de complexes B et C.

ÉLÉMENTS DESTRUCTEURS : alcool, café, infections, stress, sucres et graisses.

VITAMINE B_9

APPELLATIONS : acide folique ou folacine.

PROPRIÉTÉS : favorise l'assimilation des protéines, stimule le foie, aide à la formation des globules rouges, a une action antibactérienne, combat l'anémie.

SIGNES PATHOLOGIQUES : dépression, épuisement, inflammation des gencives, faiblesse musculaire, crampes, fatigue mentale et physique, oubli, incapacité de se concentrer, insomnie, étourdissements, migraines dues au stress, constipation ou diarrhée.

USAGES THÉRAPEUTIQUES : crampes musculaires, engourdissements et problèmes de coordination aux jambes et aux bras, faiblesse musculaire et mauvais réflexes, brûlement à la plante des pieds, fourmillement dans les jambes, dépression, vieillissement, alcoolisme, femmes qui prennent des anovulants.

SOURCES DE VITAMINE B_9 : levure de bière, oranges, foie de bœuf, pois, laitue romaine, betteraves, chou, brocoli, cantaloup.

SUPPLÉMENTS : comprimés de complexes B et C.

ÉLÉMENTS DESTRUCTEURS : alcool, café, sucre, graisses et tabac.

VITAMINE B_{12}

APPELLATIONS : cyanocobalamine ou cobalamine.

PROPRIÉTES : est indispensable à la structure des globules rouges, aide les organes qui président à la formation du sang, transporte l'oxygène dans le corps.

SIGNES PATHOLOGIQUES : fatigue, faiblesse, constipation, engourdissements, fourmis dans les jambes, difficulté à respirer, diminution de poids, pertes de mémoire, inflammation de la langue, problèmes abdominaux, douleurs de la poitrine.

USAGES THÉRAPEUTIQUES : problèmes psychiatriques, fertilité, système nerveux, inflammation de la langue, pertes de mémoire, perte de poids, faiblesse, fatigue, oxygénation des cellules, maladies de la peau.

SOURCES DE VITAMINE B_{12} : foie de veau, organes d'animaux, œufs, flétan, agneau, yaourt, produits laitiers, poulet, légumineuses, légumes verts foncés, soya.

SUPPLÉMENTS : comprimés de complexes B et C.

ÉLÉMENTS DESTRUCTEURS : alcool, café, infections, stress, graisses, tabac

VITAMINE C

APPELLATION : acide ascorbique.

PROPRIÉTÉS : est un antiscorbutique, agit sur la biosynthèse du collagène, prévient et traite les rhumes, renforce le système nerveux et le physique, aide à la formation des dents et des os, est utile pour les brûlures et plaies, aide à la formation des globules rouges (prévention des hémorragies) et protège les autres vitamines (oxydation).

SIGNES PATHOLOGIQUES : problèmes de dents et de gencive, scorbut, formation d'hématomes (bleus), altération des vaisseaux sanguins, fatigue physique, perte d'appétit, faible résistance aux infections, troubles dans la formation et la réparation des os, perte de calcium et de phosphore, anémie et digestion difficile.

USAGES THÉRAPEUTIQUES : combat les grippes, les allergies et l'asthme, sert à enrayer les infections du système urinaire, la pyorrhée dentaire, aide à la cicatrisation des plaies, abaisse le taux de cholestérol et empêche la croissance de cellules leucémiques, constitue une défense contre la pollution (sous toutes ses formes), alcoolisme, artériosclérose, arthrite, hépatites et piqûres d'insectes, inflammations, stress, sinusite et maladies cardiaques.

SOURCES DE VITAMINE C : oranges, poivrons, choux, pamplemousse, citron, cantaloup, pommes, brocoli, navet, fraises, tomates, abricot, cresson, pois verts, persil, courge, radis, oignons, carottes et cerises.

SUPPLÉMENTS : acide ascorbique ou vitamine C.

ÉLÉMENTS DESTRUCTEURS : stress, fortes fièvres, tabac, café, alcool et pollution.

VITAMINE D

APPELLATION : vitamine du soleil.

PROPRIÉTÉS : est un antirachitique, métabolise le calcium et le phosphore (formation des os), maintient le taux normal de coagulant dans le sang, participe au bon fonctionnement du cœur, du système nerveux, aide à la respiration et a un effet bénéfique sur la peau.

SIGNES PATHOLOGIQUES : décalcification et fragilité des os, nervosité, manque d'énergie, jambes arquées, bedon, constipation, mauvaises dents, rachitisme, convulsions, articulations enflées, déviation de la colonne et mauvaise croissance, sensations de brûlure dans la bouche et la gorge, diarrhée, insomnie, myopie, nervosité, métabolisme déficient.

USAGES THÉRAPEUTIQUES : procure une bonne calcification des os par l'absorption du calcium et du phosphore par l'intestin, aide au traitement du rachitisme et de l'ostéoporose, des douleurs osseuses, des convulsions, soulage les engelures et les brûlures, acné, alcoolisme, arthrite, cystite, eczéma, stress, psoriasis.

SOURCES DE VITAMINE D : soleil, jaune d'œuf, lait, beurre, poisson, huile de foie de morue, saumon, sardines, thon.

SUPPLÉMENTS : vitamines A et D, comprimés de calcium et de phosphore.

ÉLÉMENTS DESTRUCTEURS : huiles minérales.

VITAMINE E

APPELLATION : tocophérol.

PROPRIÉTÉS : agit comme antivieillissement, abaisse le taux de cholestérol, aide à la reproduction, protège les poumons (antipollution), aide à l'influx sanguin vers le cœur, entretient les muscles.

SIGNES PATHOLOGIQUES : anémie chez le nouveau-né, frigidité, impuissance, troubles de grossesse, mauvaise lactation, facultés affaiblies, stérilité et perte de cheveux, troubles cardiaques et troubles de ménopause, malaises gastro-intestinaux, hypertrophie de la prostate.

USAGES THÉRAPEUTIQUES : désintoxication, favorise la survie des globules rouges, régularise la circulation sanguine, protège les tissus, guérit les blessures, efface les feux sauvages, enraye les bosses aux seins, prévient l'embourbement des artères, soulage les douleurs à la poitrine, contrôle le taux de cholestérol, protège contre la pollution, soulage les brûlures, cicatrise, soigne les verrues, aide à combattre les allergies, arthrite, angine de poitrine, diabète, ménopause, myopie, phlébites, surpoids, stress, problèmes menstruels, strabisme, maux de tête, cystite.

SOURCES DE VITAMINE E ; germe de blé, huile de germe de blé, tournesol, arachides, palme, soja, noix, olives, huile de foie de morue, amandes, épinards, laitue, persil, sardines, homard, légumes verts foncés, œufs, farine d'avoine, tomates.

SUPPLÉMENTS : vitamine E, germe de blé.

ÉLÉMENTS DESTRUCTEURS : huiles minérales, graisses et huiles rances.

VITAMINE F

APPELLATION : acides gras insaturés ou essentiels.

PROPRIÉTÉS : normalise le métabolisme des gras, facilite la respiration des organes vitaux et l'activité glandulaire.

SIGNES PATHOLOGIQUES : problèmes cutanés (eczéma, psoriasis), troubles de croissance chez l'enfant, problèmes de coagulation et de reproduction, diarrhée, calculs dans la vésicule, varices, ongles cassants et perte de cheveux.

USAGES THÉRAPEUTIQUES : normalise le métabolisme des gras et lutte contre l'accumulation excessive de cholestérol prévenant ainsi les maladies cardiovasculaires, aide à diminuer les pertes de calcium et à traiter l'ostéoporose, allergies, calvitie, asthme, excès ou manque de poids, problèmes de vésicule biliaire, psoriasis, arthrite rhumatoïde.

SOURCES DE VITAMINE F : huiles végétales : noix, tournesol, soja, maïs, arachides, olive et carthame.

SUPPLÉMENTS : comprimés d'onagre (primevère) ou de bourrache, vitamine F.

ÉLÉMENTS DESTRUCTEURS : alcool, café, radiations et rayons X.

VITAMINE K

APPELLATION : ménadione.

PROPRIÉTÉS : a une action coagulante.

SIGNES PATHOLOGIQUES : coagulation lente du sang et hémorragies, dégénérescence des os, diarrhée, fausse couche, saignements de nez.

USAGES THÉRAPEUTIQUES : participe à la biosynthèse de la prothrombine (essentielle à la coagulation du sang) par le foie, aide à diminuer les pertes de calcium et à traiter l'ostéoporose, contusions, hématomes, hémorragies, calculs biliaires.

SOURCES DE VITAMINE K : épinards, laitue, cresson, chou vert, pois, tomate, carotte, orge, oseille, huiles de soja et de carthame, foie de porc, fraises, lait, fromage, asperges, brocoli, mélasse verte, yaourt, farine d'avoine.

SUPPLÉMENT : comprimés de vitamine K.

ÉLÉMENTS DESTRUCTEURS : rayons X, huiles rances.

Chapitre 7

LES DIFFÉRENTES FAÇONS D'AMÉLIORER SA SANTÉ

ARGILOTHÉRAPIE

L'utilisation de l'argile comme remède interne ou externe remonte sans doute à la nuit des temps. Certains oiseaux et mammifères se soignent d'instinct en absorbant de grandes quantités de mélanges naturels de calcaire et d'argile, en prenant des bains de boue ou en s'enduisant le corps d'argile. Et l'homme a imité l'animal. Les anciens Arabes en faisaient un grand usage thérapeutique. Les médecins des pharaons, comme en témoignent les papyrus, maniaient avec dextérité l'ocre jaune, terre argileuse mêlée d'oxyde de fer. Ils l'utilisaient non seulement pour soigner les blessures de la peau, mais aussi pour vaincre les inflammations et les maladies internes.

L'abbé Kneipp, qui consacra son existence à la réhabilitation des thérapeutiques par les plantes, démontre par ses expériences les propriétés de l'argile. L'argile est aujourd'hui utilisée par la médecine officielle pour le traitement de diverses maladies dans plusieurs pays, notamment en France, en Suisse et en Allemagne.

L'argile, ou terre glaise, est un des plus vieux matériaux manipulés par l'homme. Elle est d'origine minérale puisqu'elle provient de la décomposition des feldspaths. Les feldspaths sont des alumisilicates de potassium, de calcium et de sodium formés dans les très hautes températures de l'écorce terrestre. Sensibles à l'action des agents atmosphériques (vent, eau, soleil), ils se décomposent en sortes d'agrégats terreux de kaolin. Ce kaolin est d'ailleurs le principal minéral de l'argile à qui il donne sa plasticité. Humus végétal, liminte, chaux, magnésie, oxydes alcalins composent l'argile. Selon le type d'argile, sa provenance et sa spécificité, ces composantes peuvent varier – mais elles sont toujours présentes. Les différentes colorations des argiles blanches, vertes, rouges ou jaunes – proviennent uniquement des terrains où elles se sont formées. Elles possèdent toutes un pouvoir curatif.

Selon certains auteurs, l'argile verte serait la plus active. Sa forte teneur en silicate d'aluminium la rend précieuse pour fortifier les tissus élastiques de l'organisme, en particulier dans les cas de problèmes de sang vicié, de rhumatismes, d'arthrose, de tuberculose ou de fractures. Il est prouvé scientifiquement que l'organisme élimine naturellement les sels minéraux dont il n'a pas besoin et qu'il peut transformer certains sels en d'autres dont il a besoin.

N'oublions pas que l'os est composé aux deux tiers de sels minéraux qui lui servent d'armature ; l'argile serait donc le remède idéal pour les maladies des os. On peut se procurer de l'argile dans les magasins d'aliments naturels et dans certaines pharmacies ayant un comptoir de produits naturels. Il est préférable d'acheter de l'argile séchée au soleil, car celle-ci possède un grand pouvoir revitalisant.

Vertus de l'argile

L'argile absorbe : c'est l'une de ses propriétés les plus spectaculaires. Elle pompe littéralement le mal. Elle absorbe non seulement les liquides, mais aussi les toxines, les gaz et les odeurs nauséabondes. Dans l'estomac et l'intestin, elle absorbe les poisons sécrétés par les microbes, les rend inoffensifs et les élimine. Cette capacité d'absorber les substances toxiques a été prouvée par des expériences biologiques.

L'argile revitalise. De récentes observations effectuées par des laboratoires américains ont confirmé la puissante propriété de rayonnement de l'argile. Elle peut capter l'énergie du soleil, du vent et de l'air, et l'irradier sur le corps malade en lui transmettant force et vitalité. C'est un stimulant vital naturel qui redonne l'équilibre électromagnétique et cellulaire à l'organisme qui en manque, qui l'aide à refaire de nouvelles cellules ou bien à absorber celles qui sont en excès.

L'argile désinfecte et répare l'organisme intelligemment. Utilisée en traitement interne aussi bien qu'externe, l'argile va là où est le mal. Elle se dirige vers le foyer mobile et s'y fixe, plusieurs jours, pour finalement entraîner pus, sang noir, dans son évacuation. Elle parvient à préserver les éléments sains de l'organisme et en accélère le processus de défense naturelle.

L'argile cicatrise les plaies les plus résistantes. Les plaies se referment beaucoup plus vite à son contact. Elle est astringente, purificatrice et accélère le processus de régénération et de reconstitution des tissus lésés.

L'argile soigne par voie interne ou externe la plupart des affections, dont certaines nécessitent quand même un recours au médecin. Elle est alors considérée comme un remède complémentaire.

Ses usages

Appliquée en cataplasme, l'argile cicatrise les plaies ouvertes, l'eczéma, le zona ou autres maladies de la peau. Elle soulage aussi les maux de tête, des yeux ou des oreilles.

On l'utilise aussi par voie interne pour la digestion et le nettoyage de l'organisme. Il est recommandé alors de suivre les directives d'un conseiller en santé afin de ne pas avoir de mauvaises réactions telles que la déshydratation ou la constipation.

Éric Nigelle, auteur du livre *Les pouvoirs merveilleux de l'argile*, affirme: « L'argile commence toujours par agir en aggravant. Dans une première phase, elle active le mal en le drainant, en l'éliminant. Puis, elle cicatrise le mal, qui régresse et s'atténue jusqu'à disparaître complètement. » On utilise généralement les cataplasmes ou les compresses d'argile sur la nuque, le front ou le dos pour permettre un rétablissement de la santé.

Depuis longtemps, les instituts de beauté utilisent les masques à base d'argile qui purifient l'épiderme et lui redonnent fermeté et éclat. Les traitements à l'argile sont efficaces pour les maladies de la peau, telles que l'acné, les petits boutons, etc.

L'action anti-inflammatoire et calmante de l'argile, associée à des plantes décongestionnantes, n'est plus à démontrer. Grâce à son puissant pouvoir revitalisant, l'argile agit en transmettant à la partie atteinte des oligoéléments (calcium, sodium, magnésium, etc.) et une chaleur locale bienfaisante.

Pendant son cheminement de la bouche à l'estomac puis aux intestins, dans le cas d'usage interne, l'argile redonne force et vitalité à tout l'organisme.

L'argile stimule les muqueuses. Elle renouvelle toutes les cellules affaiblies. Elle absorbe les toxines, les poisons, les bactéries et les fermentations qu'elle rencontre dans l'organisme et le purifie intégralement.

Pour conclure, je me permets de citer le Dr Laborde, professeur à la Faculté de pharmacie de Strasbourg, qui résume parfaitement les vertus de l'argile : « L'argile curative, prise régulièrement ou périodiquement, est le don purifiant, vivifiant, comprenant et guérisseur, propriété essentielle de la nature. C'est un puissant dynamogène qui rétablit un équilibre stable en réveillant les glandes déficientes. La terre curative rétablit la force de résistance, hausse la gaieté et la joie au travail et régularise la circulation intracorporelle.» Comme on dit si bien parfois : l'essayer c'est l'adopter !

HYDROTHÉRAPIE

L'hydrothérapie est un puissant agent thérapeutique naturel. Son application est facile. La transformation de la forme liquide en forme solide ou volatile est rapide. On a estimé que l'eau augmente la consommation d'oxygène de 75 % et qu'elle augmente l'élimination du gaz carbonique de 85 %. Il n'existe pratiquement aucune maladie pour laquelle les diverses formes de l'eau ne peuvent être utilisées avec les résultats les plus bénéfiques.

L'eau est le traitement de maladies par l'application d'eau, de températures et de formes variées. Son effet sur le corps varie selon sa température.

Les bains d'eau chaude sont sédatifs s'ils sont prolongés, alors que les bains d'eau froide sont stimulants.

Bain chaud

Il régularise la circulation et adoucit la peau par l'élimination des impuretés. Il est d'un usage agréable et rafraîchissant. Il atténue la douleur et procure une sensation de confort. C'est un remède précieux pour beaucoup de maladies chroniques. Il est très utile en cas de rhumatismes, de convulsions, d'affections des intestins, d'hernie et de troubles des organes génito-urinaires. Il est recommandé à ceux qui souffrent d'hypertension, de faiblesse cardiaque, de circulation déficiente et aux personnes dont le système est épuisé ou à ceux qui déploient une grande activité mentale.

Bain tiède

Le bain tiède est utilisé à des fins de nettoyage. Il est prescrit en cas de fièvre, d'inflammation et d'affection inflammatoire en raison de son effet adoucissant. Il élimine la chaleur excessive et aide à maintenir la peau dans un état favorable à l'excrétion.

Bain frais

Le bain frais doit être pris uniquement lorsque le corps est réchauffé et ne doit pas être pris en cours de digestion.

Bain froid

Le bain froid est utilisé pour ses effets toniques. C'est un puissant tonique du corps si la réaction est complète. Pour cette raison, le bain froid entraîne un choc violent du système nerveux et, à moins de posséder un haut degré de vitalité, il faut être très prudent dans son utilisation.

Douche

Les personnes souffrant d'une constitution faible, d'hypertension et de faiblesse cardiaque doivent éviter les douches froides. En réduisant la pression de l'eau et en utilisant de l'eau tiède ou tempérée, la personne la plus fragile peut supporter la douche et obtenir des résultats bénéfiques. En de tels cas, le mieux est de commencer d'abord avec de l'eau chaude et de réduire progressivement la température jusqu'au degré voulu.

La douche froide excite grandement le cœur et le système nerveux et élève la pression sanguine. Pour cette raison, on ne peut la recommander qu'aux personnes qui jouissent d'une santé robuste.

On ne devrait pas rester sous la douche froide plus de deux à trois minutes. Il faut recourir aux moyens habituels pour amener une bonne réaction.

La douche est appliquée localement comme remède aux entorses, aux enflures, aux raideurs articulaires, etc. La douche est l'un des traitements principaux pour fortifier le système entier.

Compresses

La compresse est une grosse pièce de drap essorée à l'eau chaude ou froide et appliquée sur une partie du corps. Il faut utiliser une grande serviette ou plusieurs épaisseurs de drap pour maintenir la température désirée.

La compresse chaude est utile pour soulager les douleurs, les inflammations, les plaies, l'enflure, etc.

La compresse froide est utilisée pour soulager la fièvre, la douleur, les hémorroïdes, etc.

L'ingestion d'abondantes quantités d'eau maintient les intestins et les reins actifs et les bains fréquents maintiennent les pores cutanés ouverts, touchant ainsi les trois principales voies d'élimination des déchets du corps.

Comme la rétention des déchets dans l'organisme est la cause fondamentale de la plupart des troubles chroniques, on comprend pourquoi il est nécessaire de boire beaucoup d'eau.

Les vertus curatives de l'eau ne sont plus à prouver. La guérison naturelle fait un large usage de techniques douces qui ont un succès merveilleux. Quel beau cadeau !

KINÉSITHÉRAPIE

Outre une bonne alimentation, un sommeil réparateur, des pensées positives, un mode de vie sain, l'exercice physique est aussi nécessaire pour sauvegarder notre énergie.

Les exercices physiques tels que la marche, le tennis, la natation, le patinage, le golf, et bien d'autres encore, permettent une meilleure circulation du sang et, automatiquement, le maintien de notre santé.

D'autre part, sans de bons exercices respiratoires, les tissus ne peuvent se débarrasser de leurs déchets et les cellules dégénèrent plus vite.

Plusieurs mouvements ou exercices sont recommandés pour garder un niveau de santé acceptable.

L'activité est la loi de la vie. C'est aussi le secret d'une longue vie. Elle permet de fortifier les muscles et les tissus des divers organes corporels pour qu'ils puissent fonctionner correctement.

L'exercice modéré est nécessaire pour fortifier le système musculaire. Il augmente la consommation d'oxygène, produit une circulation vigoureuse, accélère l'élimination et régénère le système nerveux. Divers exercices adéquats peuvent remédier à la constipation, à l'indigestion, aux affections nerveuses, à l'asthme, aux cardiopathies et à beaucoup d'autres désordres.

Les signes de faiblesse physique sont : une figure languissante, des épaules rondes, une poitrine aplatie et un manque de tonus musculaire sur le corps entier. Le relâchement des muscles abdominaux produit de la constipation et une amplitude respiratoire très diminuée à l'effort. La faiblesse musculaire générale produit une circulation pauvre, une élimination défectueuse et une débilité générale du corps.

Pour de nombreuses maladies, l'exercice contribue grandement à un rétablissement précoce. L'exercice n'est pas seulement nécessaire pour bien se porter, il est également nécessaire pour se maintenir en bonne santé.

La marche est probablement la meilleure forme d'exercice. Elle est simple et accessible aux plus faibles ou aux infirmes. La marche développe le cœur et les poumons, stimule considérablement la peau et fortifie l'organisme en général. Ceci est vrai si on pratique la marche avec énergie.

Les exercices les plus bénéfiques sont ceux qui stimulent le cœur et les poumons, tels que la marche, la course, l'escalade, le saut à la corde et la natation. Tous ces exercices doivent être soigneusement adaptés à l'âge, au sexe et à l'état physique de la personne.

L'exercice physique ne doit jamais être trop violent ni prolongé jusqu'à l'épuisement.

En présence d'une maladie ou d'une faiblesse, il faut faire des exercices pour vaincre cette maladie et fortifier la partie du corps en question.

Il existe des exercices spécifiques pour stimuler le foie et l'intestin, éliminer la graisse et rendre le corps souple, étirer les muscles du dos, des jambes et des bras, fortifier les muscles de l'abdomen, stimuler l'activité intestinale, éliminer la graisse de l'abdomen, donner de la flexibilité au corps et entretenir la souplesse de la colonne vertébrale.

La santé dépend de l'abondance de l'air dans notre organisme. Le sang a besoin d'oxygène pour faire fonctionner le corps. Chaque cellule du corps doit être vivifiée par la pratique de la respiration sous forme de gymnastique quotidienne. Cette pratique, en plus de fortifier des milliers de cellules saines, dilate la poitrine, accélère l'action cardiaque et la circulation, améliore la digestion et l'assimilation, prévient les maladies pulmonaires, fortifie le système nerveux, accélère l'activité intestinale, éclaircit le teint, améliore le sang et amène une disposition générale plus agréable et plus robuste.

Le massage est une autre façon d'améliorer notre état physique. Il aide à éliminer les raideurs et il soulage les rhumatismes. Il augmente le mouvement péristaltique des intestins et vainc la constipation.

Le massage améliore la circulation sanguine grâce à certains mouvements particuliers. Il permet une relaxation du système nerveux, ce qui apporte automatiquement un bien-être à l'organisme.

Le massage peut également être utilisé comme substitut à l'exercice. Il permet de combler l'inactivité physique. Il maintient une circulation efficace, favorise la nutrition et le drainage des déchets et renforce le système musculaire.

Chaque être humain a à sa disposition les outils nécessaires pour garder la santé ou l'améliorer. Chaque jour, on doit travailler avec ces instruments pour fortifier nos bases et ériger ce monument qu'est notre corps.

Nous devons participer à notre guérison, et surtout au maintien, voire à l'amélioration de notre santé globale.

Le respect de la vie est important et si nous prenions le temps de découvrir notre organisme sous toutes ses facettes, nous rencontrerions la plus belle merveille du monde qui appartient à chacun d'entre nous, LA SANTÉ.

Chapitre 8

QUELQUES CAS DE MALADIE

LE CANCER ET LA VITAMINE C

Selon le Dr Cameron et son collègue en recherche sur le cancer, M. Pauling, le cancer est une maladie où certaines cellules de l'organisme ont subi des modifications dans leur matériel génétique qui leur confèrent les propriétés de la malignité.

Les traitements utilisés pour soigner le cancer sont : la chirurgie, la radiothérapie, la chimiothérapie, le traitement aux hormones, l'immunothérapie, l'administration de la vitamine C et le traitement diététique ainsi qu'une thérapie psychique.

Nous commençons à prendre de plus en plus conscience que le cancer est créé par l'humain et s'explique par :

- la mauvaise alimentation (carences en vitamines et en minéraux) ;
- la pollution de l'environnement (pesticides, air pollué, colorants et additifs alimentaires, arômes artificiels et autres) ;
- le déséquilibre du système nerveux ;

- les idées négatives que l'on nourrit ;
- le déséquilibre hormonal ;
- le manque d'exercice ;
- la mauvaise oxygénation de notre organisme.

Prenons comme exemple le cancer du sein. La personne qui a une tumeur au sein traverse habituellement trois étapes, et parfois même quatre, qui sont :

1. La tumeur (excroissance ou masse de tissu) grandit, se répand et détruit les autres cellules mais, tant qu'elle est confinée à son organe d'origine (ici, le sein), elle demeure au premier stade ;
2. Il y a expansion de la tumeur primaire aux ganglions lymphatiques de la région ;
3. Un cancer du sein qui a atteint les ganglions de l'aisselle peut ensuite provoquer des ganglions au niveau du cou et cet état avancé de la maladie amène un pronostic peu encourageant ;
4. Il y a propagation de la maladie à des sites éloignés par le réseau sanguin : c'est le stade terminal et le triomphe des cellules cancéreuses.

L'interférence dans le mécanisme du cancer consiste à chercher à ralentir la croissance de la tumeur.

Le cancer de la thyroïde et du pancréas est de 30 à 40 fois plus fréquent à l'autopsie que dans les bureaux de médecins.

On dit que le cancer de la prostate est de plus en plus fréquent à mesure que la vieillesse avance et que, passé 75 ans, on le retrouve chez un individu sur deux, bien qu'environ 2 % des hommes en meurent.

La grande majorité des cancers sont tenus en échec par l'organisme. Ils se développent pendant un certain temps, puis régressent ; disparaissent et ce n'est qu'occasionnellement que l'un d'entre eux échappe à tout contrôle et commence à progresser. Il existe en chacun de nous un mécanisme ayant le pouvoir de guérir le cancer. Il s'agit de découvrir un moyen de rendre à ce mécanisme sa pleine efficacité.

On a découvrert que la vitamine C pourrait s'avérer l'élément nutritif le plus important dans le contrôle de plusieurs maladies, plus particulièrement du cancer. Une bonne alimentation qui intègre des aliments bénéfiques peut diminuer l'incidence du cancer.

Une carence de vitamine C peut provoquer la maladie, voire la mort. De nombreux aliments contiennent de la vitamine C, comme :

- les poivrons,
- les oranges,
- le persil,
- le navet,
- les légumes verts,
- le brocoli,
- le chou frisé,
- presque tous les fruits.

MM. Pauling et Cameron, dans leur livre *La vitamine C contre le cancer*, vont même jusqu'à affirmer que, finalement, les symptômes du cancer sont pratiquement identiques à ceux du scorbut très avancé.

On a donc pensé à administrer à certains patients une forte dose de vitamine C, traitement appelé « thérapie aux mégavitamines ». Contrairement aux agents chimiothérapeutiques utilisés habituellement dans le traitement du cancer, cette thérapie ne fait pas qu'allonger le temps de survie du patient, elle amène aussi une amélioration de son état de santé et de son bien-être général.

L'absorption de fortes doses de vitamine C augmente l'efficacité des mécanismes de protection de l'organisme liés aux lymphocytes et améliore le pronostic de la maladie.

Depuis plus de quarante ans, on recommande aux patients ayant subi une chirurgie d'absorber de la vitamine C pour stimuler la cicatrisation de leur plaie et éviter le choc opératoire. La vitamine C peut aider à contrôler :

- le rhume ordinaire,
- la grippe,
- la pneumonie virale,
- l'hépatite,
- la rougeole,
- les feux sauvages,
- les boutons de fièvre,
- diverses infections.

La vitamine C convertit les substances toxiques, y compris celles qui provoquent le cancer en dérivés non toxiques qui sont ensuite éliminés dans l'urine.

De plus, on a constaté que le stress infligé à l'organisme par les traitements anticancéreux traditionnels déclenche un besoin et une utilisation accrus de vitamine C.

Plusieurs cancéreux atteignent un stade où il est évident que les formes de traitements conventionnels n'ont plus aucune efficacité. C'est avec ces patients que souvent on a obtenu les preuves les plus incontestables de l'efficacité de la vitamine C contre le cancer. Presque tous les patients dont le cancer était à un stade avancé et à qui l'on a administré de fortes doses de vitamine C ont ressenti une amélioration de leur état : ils se sentaient plus forts et plus alertes, tant physiquement que mentalement.

On voit même des symptômes désespérants, comme la douleur osseuse causée par des métastases du squelette, diminuer ou disparaître complètement. On observe généralement des signes objectifs d'amélioration ; le patient :

- est plus vivant,
- est plus animé,
- mange plus ;

– découvre une nouvelle philosophie de la vie, c'est-à-dire qu'il apprécie en général plus la vie qu'auparavant car il en connaît maintenant l'importance et l'arôme.

En fait, le patient, ayant un meilleur appétit et se nourrissant mieux, découvre que les nausées l'ont abandonné. Il semble que les patients traités à la vitamine C vivent plus longtemps.

La thérapie à la vitamine C est souvent accompagnée d'une diète et d'absorption de minéraux, ce qui explique son appellation de « thérapie aux mégavitamines ».

On suppose qu'une personne constamment exposée à :

– des polluants carcinogènes (nourriture, pollution de l'eau et de l'air des villes industrielles),
– des idées négatives,
– la malnutrition,
– au manque d'intérêt à la vie (projets, buts),

augmente sa vulnérabilité à toutes les formes de cancer. Souvent, dans le domaine des médecines douces, on n'hésite pas à encourager les patients à prendre des suppléments alimentaires ; ces derniers ont une influence significative sur la santé et compensent pour les carences de notre environnement.

Il est donc recommandé d'avoir quotidiennement un bon apport de vitamines A, B, C, D et E, ainsi que de minéraux. D'éliminer le plus possible le sucre, l'alcool et le tabac. De faire de l'exercice. De se nourrir de pensées positives. D'avoir un sommeil réparateur. De ne pas hésiter à consulter une personne du domaine médical pour être mieux informé sur sa santé, la prévention des maladies et les soins à apporter à notre corps. Tout cela pourrait augmenter la qualité de notre vie physique et morale et permettre d'éliminer l'embouteillage des hôpitaux puisque nous deviendrions ainsi notre propre médecin et éviterions la maladie et ses conséquences.

À ta santé Martine!

LES MALADIES CARDIOVASCULAIRES

Être en santé n'est pas une chance, c'est une question de prévention.

Les maladies cardiovasculaires se classent parmi les plus répandues au Canada. Les gens qui présentent un taux de cholestérol supérieur à 260 risquent plus d'accidents cardiovasculaires que ceux qui ont un taux inférieur à 180.

Rôle du cholestérol

Une certaine quantité de graisses alimentaires est requise pour assurer l'absorption des vitamines liposolubles. Un apport journalier satisfait les besoins de l'organisme. Environ 10 % du cholestérol provient des aliments. En plus du cholestérol qu'il en retire, l'organisme peut aussi en synthétiser. Il peut produire 2 ou 3 fois la quantité apportée par le régime alimentaire et l'utiliser à des fins multiples. Le cholestérol est un des constituants de la membrane cellulaire. Il synthétise la vitamine D, les acides biliaires et les hormones stéroïdes (hormones sexuelles et hormones du cortex surrénalien).

Éléments qui font augmenter le cholestérol

Depuis une cinquantaine d'années le raffinage des céréales élimine une bonne partie des vitamines du complexe B, ce qui peut faire augmenter le taux de cholestérol.

Une mauvaise alimentation (combinaison non respectée) peut aussi y contribuer.

Le stress quotidien et l'angoisse agissent sur le taux de cholestérol (chez certains individus).

Les femmes qui prennent la pilule anticonceptionnelle peuvent voir leur taux de cholestérol augmenter : les anovulants éliminent parfois la vitamine B_6 qui est nécessaire pour combattre le surplus de cholestérol.

Un surplus de sucre (une fois celui-ci transformé dans l'organisme) peut faire augmenter le taux de cholestérol. Une forte consommation de sucre entraîne une hyperglycémie très rapide et comme l'insuline sécrétée en grande quantité est un facteur lipodogène, il peut en résulter une accumulation de cholestérol.

L'hérédité est un autre facteur associé à notre taux de cholestérol.

Tous les résidus, même les lipides, s'accumulent dans les vaisseaux, la vésicule biliaire, les reins et les articulations. Leurs effets nocifs ne se manifestent que par leur accumulation lente et progressive.

Comment éliminer le mauvais cholestérol

Une analyse de sang peut permettre de connaître notre taux de cholestérol. Une alimentation à base de fibres (légumes surtout, céréales et fruits) est recommandée. Il ne faut pas non plus négliger de boire de l'eau qui permet le nettoyage des cellules. La pomme contient de la pepsine et peut aider à catalyser le gras. L'ail est un agent réducteur du cholestérol qui désintoxique le sang.

Préférer les graisses polyinsaturées, réduire la consommation de sucre concentré et diminuer l'apport de sel alimentaire : voilà autant de suggestions pour éliminer le mauvais cholestérol. Substituer des protéines végétales (noix, légumineuses, soya, etc.) aux protéines animales est aussi à conseiller.

Faire du conditionnement physique, éviter de fumer et avoir un poids stable sont d'autres moyens pour améliorer notre santé cardiovasculaire.

La vitamine E sert de vasodilatateur. Elle ralentit le processus oxydant qui rend les cellules « rances ».

La vitamine C permet la baisse des triglycérides (gras dans le sang). L'acide ascorbique agit comme agent de désintoxication.

Et il y a la lécithine !

Qu'est-ce que la lécithine ?

La lécithine est une substance alimentaire complexe et naturelle connue aussi sous le nom de phospholipide. Elle est un constituant de toute vie cellulaire. Trois des vitamines B, soit la choline, l'inositol et la pyridoxine, servent à maintenir un taux normal de cholestérol. Le cerveau est constitué de lécithine à 30 % de son poids sec et le système nerveux en renferme environ 17 %.

La lécithine prévient et guérit des affections telles que l'artériosclérose (épaississement de la paroi des artères), l'hypertension artérielle, le diabète sucré, l'hypercholestérolémie et les accidents cardiovasculaires.

La lécithine est capable de mobiliser le cholestérol et certains triglycérides, et donc d'inverser le processus d'accumulation des lipides sur les parois artérielles. Elle se trouve en abondance dans le cœur, le cerveau, les reins, le foie et les os. Elle équilibre, neutralise, émulsifie et élimine des tissus le surplus de cholestérol.

L'action première de la lécithine se manifeste sur le système cardiaque. Elle est l'ennemi du cholestérol. On sait que le cholestérol est un gras qui se trouve dans beaucoup d'aliments ; il s'accumule dans l'organisme et se dépose dans les veines et les artères, entraînant ainsi des maladies cardiovasculaires. La lécithine de soya, plus spécifiquement, réduit les grosses particules de cholestérol dans le sang.

Le cholestérol émulsifié et oxydé ne se déposera pas sur les parois des veines et des artères et évitera ainsi les caillots, les embolies, les thromboses, les infarctus et bien d'autres problèmes.

La choline de la lécithine et son enzyme permettent de garder les matières grasses en solution dans le sang de manière à éviter l'encombrement des artères et la congestion du foie. En plus d'aider le système cardiovasculaire, la lécithine nourrit le cerveau et augmente la mémoire. Elle alimente le système nerveux et permet de meilleures réactions émotives. Elle procure même un certain rajeunissement physique et mental puisqu'elle augmente la vitalité. On prétend qu'elle est un des toniques les plus puissants du corps et de l'esprit.

Pour connaître les quantités de lécithine à prendre à chaque jour, il est préférable de consulter un conseiller en santé.

Un individu en bonne santé réagit à un apport alimentaire de corps gras par une surproduction de lécithine et augmente le taux de celle-ci dans la bile et le sang. Pour ceux qui ne jouissent pas d'une bonne santé, un apport de lécithine est souhaitable.

Chacun de nous doit être conscient de sa santé. Il faut changer nos habitudes de vie, tendre vers l'amélioration de notre santé sans se prétendre parfait. Prendre en main notre cœur et alimenter nos artères de lécithine, n'est-ce pas là une preuve d'amour envers celui-ci ?

LA SCLÉROSE EN PLAQUES

La sclérose en plaques est une maladie qui frappe surtout les gens âgés de 20 à 45 ans. Les symptômes de cette maladie varient d'un individu à l'autre. On a souvent remarqué que les premiers symptômes semblent superficiels et disparaissent vite. Le tremblement des mains, une mauvaise coordination de celles-ci, l'engourdissement des extrémités (mains, pieds), des troubles de la vue, une grande fatigue, voilà autant de signes de la sclérose en plaques.

Il ne faut pas hésiter à consulter son médecin pour discuter avec lui des effets de l'évolution de la maladie et du traitement à y apporter. Tous ces signes réunis constituent un indice possible de sclérose en plaques. Mais plutôt que d'entreprendre une quelconque forme de traitement sans connaître le diagnostic de son médecin et s'y aventurer sans être sûr d'avoir la maladie, il est préférable de se faire confirmer par ce dernier si ces symptômes réunis sont bien le résultat de la sclérose en plaques et non pas d'une autre maladie.

Selon des études effectuées, la sclérose en plaques, cette maladie affecte le cerveau et la moelle épinière qui constituent le système nerveux central. Dans ce cas, les lésions du système nerveux central peuvent se situer à maints endroits du corps. La zone endommagée se remplit de tissus durs ou cicatrices : c'est la sclérose cicatrice indurée, sorte de blocage dû aux graisses mal assimilées dans les tissus (voire les cellules). Un mauvais fonctionnement du métabolisme des graisses peut entraîner une défaillance du système immunitaire.

Les virus envahissent alors le système nerveux central et provoquent une réaction d'autodéfense de l'organisme. Si les graisses sont mal métabolisées, elles rendent perméables les parois des vaisseaux sanguins et endommagent la couche de myéline. Le corps a besoin de graisses, mais d'un certain groupe appelé « acides gras essentiels » qui s'apparente aux vitamines ou aux protéines indispensables à la santé. Il y a des acides gras essentiels dans chaque cellule de l'organisme. Les lipides constituent 60 % du cerveau et ces acides gras essentiels servent à la croissance et au développement tant du cerveau que du système nerveux central. Les lipides donnent de l'énergie, isolent les nerfs, enveloppent et protègent les tissus, contribuent aussi au maintien de la température du corps, etc.

Si les lipides ne peuvent effectuer leur travail, une des conséquences peut être la sclérose en plaques. Mais, alors, quels sont les traitements suggérés pour éviter l'évolution de la maladie ou permettre la rémission de celle-ci ? En voici quelques-uns.

– Avoir une alimentation saine composée de mets pauvres en graisses mais riches en acides gras essentiels (huile de tournesol, poisson, viandes maigres, feuilles vertes, légumes verts, légumineuses, etc.) et surtout d'huile d'onagre (dont nous parlerons plus loin).

- Prendre un supplément de vitamines et de sels minéraux : complexes B et C, zinc, magnésium, etc. Il est important de consulter un conseiller de la santé pour connaître les doses recommandées de chacun des suppléments.
- Aimer la vie et prendre goût à la découverte de soi, des autres et de son environnement. Être positif permet aux cellules de mieux faire leur travail de guérison.
- Éviter le stress dans la mesure du possible. Ce dernier est d'ailleurs la cause de la majorité des maladies de notre siècle.
- Boire beaucoup d'eau, soit de 1 à 2 litres par jour.
- Faire de l'exercice ou de la physiothérapie (en fonction des cas). Surtout ne pas rester inactif.
- S'occuper l'esprit : lire, communiquer avec les autres, faire partie d'un groupe où on peut échanger sur différents sujets qui nous passionnent, éviter de développer la paresse mentale car elle ankylose l'esprit et le corps.
- Fréquenter des gens dynamiques qui sont bien dans leur peau et qui ont toujours une bonne parole pour tout le monde.
- Développer la spiritualité. Recevoir l'autre tel qu'il est avec ses qualités et ses défauts. S'accepter tel qu'on est : en fait, c'est VIVRE ET LAISSER VIVRE !
- Se fixer des buts à long et à court termes.

Huile d'onagre

Pour revenir à l'huile d'onagre (primevère du soir), j'aimerais ici donner un court historique de l'onagre. Cette plante est originaire de l'Amérique du Nord et est maintenant cultivée en Amérique du

Sud, en Europe, en Israël, en Hongrie, en Californie et au Royaume-Uni.

Monsieur Field de Newcastle a étudié l'effet de l'acide linoléique sur les lymphocytes (globules blancs) en cas de sclérose en plaques. Il a réalisé au cours de ses expériences que l'acide linoléique parvenait à neutraliser ces lymphocytes. Il fit des prélèvements sanguins sur des sclérosés en plaques et étudia l'effet de l'huile d'onagre sur leurs globules rouges. Les résultats de ces expériences prouvèrent que l'action de l'acide gammalinoléique (contenu dans l'onagre) était bien supérieure à celle de l'acide linoléique pour corriger les anomalies dans le sang.

Depuis ce temps, on administre de l'huile d'onagre en Angleterre aux personnes souffrant de sclérose en plaques. L'huile d'onagre stimule les lymphocytes, empêche l'agrégation des plaquettes (collées aux parois vasculaires), ramène les globules rouges hypertrophiés à la normale, fortifie les parois des vaisseaux sanguins, peut être un agent antiviral, agit sur le système nerveux et garantit l'équilibre entre les prostaglandines.

Chez un malade atteint de sclérose en plaques, il y a déficience en acides gras essentiels dans son sang et les globules sont hypertrophiés et n'ont qu'un faible pouvoir de régulation de la circulation des liquides à travers les membranes cellulaires.

D'après les recherches sur l'acide gammalinoléique, cette dernière a la facilité de modifier toutes les membranes anormales, y compris la myéline, et peut les faire revenir à la normale en moins d'un an (selon la gravité de la maladie et la forme physique de l'individu). Nous parlons ici des malades en phase débutante.

Même si un régime alimentaire approprié et l'absorption de capsules d'onagre normalisent la composition des acides gras essentiels, il ne faut pas oublier que certaines vitamines et certains sels minéraux doivent accompagner le traitement à l'onagre.

La vitamine E empêche l'oxydation des graisses insaturées et contribue à fixer les acides gras essentiels dans l'huile. La vitamine C agit comme antioxydant et favorise le processus de transformation de l'acide dihomogamma linoléique en prostaglandines. La vitamine B_6 est nécessaire au stade du métabolisme des acides gras essentiels (on connaît d'ailleurs son effet régulateur sur le système nerveux). Le zinc joue le même rôle que la vitamine B_6 et aide à la cicatrisation de la cellule.

En ce qui concerne la posologie des capsules d'onagre, il faut consulter une personne informée sur le sujet et qui pratique soit en médecine douce, soit en médecine conventionnelle. Cet expert pourra vous aider à équilibrer les doses de vitamines à prendre au cours de la journée.

Pour conclure, je reprends ce que M. Hatzenberger a écrit concernant la sclérose en plaques : « Le malade a droit à l'information la plus scientifique, la plus exacte, la moins partisane, énoncée dans une langue simple à la portée de tous. » Pourquoi, après avoir pris connaissance du diagnostic, ne serions-nous pas en mesure de nous prendre en main et d'essayer le traitement à l'huile d'onagre ? Celui-ci n'a aucun effet secondaire ; en plus, il peut jouer un rôle important contre le vieillissement. Après tout, être en santé, c'est notre affaire !

Je salue tante Denise pour son courage et sa détermination !

Chapitre 9

MALADIES ET TRUCS SANTÉ

— ALZHEIMER —

L'Alzheimer est une perte de mémoire.

Suppléments

- ginkgo biloba
- lécithine de soja
- vitamines B et C
- vitamine E
- chlorure de magnésium
- potassium
- extrait de pépins de raisins

Aliments

- œufs
- poisson
- légumes verts foncés
- fruits
- avoine
- raisins
- millet
- germe de blé
- sarrazin

Informations

- encourager la personne à demeurer actif ;
- accepter les trous de mémoire et en rire ;
- procurer de l'amour et de la compréhension à la personne qui souffre de cette maladie ;
- permettre à la personne ayant cette maladie de se sentir utile ;
- entretenir la communication ;
- encourager la créativité : danse, musique, dessin, jeux, etc. ;
- la motiver à marcher.

— ARTHRITE —

L'arthrite est une inflammation d'une articulation.

Suppléments

- glucosamine
- griffe du diable
- chondroïtine
- boswella
- huile de flétan
- huile d'onagre
- vitamine C
- citrate de calcium et magnésium
- sélénium
- bêta-carotène
- vinaigre de cidre de pomme
- vitamine E

Aliments

- noix
- fruits de mer
- haricots
- cresson
- canneberge
- soja

Informations

- éliminer le tabagisme ;
- appliquer de la chaleur lors d'une crise d'arthrite ;
- diminuer le sucre, le café, les colas et le gras animal ;
- faire des cataplasmes de consoude.

Note : Tous les mots se terminant en « ite » dans le domaine médical signifient : « inflammation ».

— ARTHROSE —

L'arthrose est une affection d'une articulation de nature dégénérative en général.

Suppléments

- sulfate de glucosamine
- citrate de calcium
- magnésium
- vitamine C
- griffe du diable
- huiles de poisson
- chondroïtine
- silice
- vinaigre de cidre de pomme

Aliments

- cresson
- pommes
- navet
- persil
- carottes
- choux
- poisson
- yogourt
- légumes verts
- poissons
- soja

Informations

- faire de l'exercice ;
- diminuer le sucre raffiné, le café et les colas ;
- maintenir un poids santé équivalent à notre âge et à notre grandeur ;
- éliminer le tabac.

Note : Le citrate de calcium est facilement assimilable. À cause du vieillissement, les enzymes digestives sont moins nombreuses et n'accomplissent pas aussi bien leur travail. Le calcium n'est donc pas toujours entièrement absorbé, c'est pourquoi il est préférable de prendre du citrate de calcium.

— ASTHME —

L'asthme est une difficulté respiratoire.

Suppléments

- thym
- gomme de sapin
- eucalyptus
- vitamine A
- vitamine C
- vitamine E
- vitamine F
- romarin
- ail
- échinacée
- complexe de vitamines B
- zinc
- extrait de pépins de raisins
- coenzyme Q10

Aliments

- légumes
- pamplemousse
- citron
- orange
- raisins
- huîtres
- poisson
- algues
- légumineuses
- huiles végétales
- épinards
- pommes

Informations

- éliminer le tabac ;
- boire beaucoup d'eau ;
- diminuer le sucre et le gras ;
- s'assurer que l'air ambiant est frais ;
- faire de l'exercice en respectant ses limites physiques ;
- s'exprimer plutôt que retenir ses mots.

— CALCULS RÉNAUX —

Les calculs peuvent avoir la taille d'un grain de sable et peuvent obstruer les canaux à leur passage, d'où dérive parfois une inflammation.

Suppléments

- aubier de tilleul
- vitamine B_6
- vitamine C
- cassis
- queues de cerise
- réglisse (plante)
- potassium
- chlorure de magnésium

Aliments

- fruits
- légumes verts foncés
- poisson
- céréales
- maïs
- courges
- bananes
- avocat
- haricots rouges (ces derniers adoptent la forme d'un rein)
- canneberge

Informations

- diminuer le gras animal ;
- manger plus souvent et en petites quantités ;
- savoir se détendre ;
- boire beaucoup d'eau, soit 5 ou 6 verres d'eau par jour.

— CATARACTES —

Les cataractes sont une dégénérescence tissulaire de l'œil.

Suppléments

- acide folique
- complexe de vitamines B
- vitamine A
- vitamine D
- vitamine E
- citrate de calcium
- magnésium
- flavonoïdes
- bêta-carotène
- extrait de pépins de raisins

Aliments

- fruits
- légumes verts et orangés
- pommes
- betteraves
- carottes
- oranges
- bleuets
- huiles de poisson
- citron
- pamplemousse
- raisins

Informations

- éliminer les gras et les sucres raffinés ;
- bien s'alimenter ;
- boire 5 ou 6 verres d'eau par jour.

— CONSTIPATION —

La constipation est un retard dans l'évacuation des selles.

Suppléments

- séné
- aloès
- graines de lin
- boldo
- pissenlit
- complexe de vitamines B et C
- yogourt
- lécithine

Aliments

- céréales
- poisson
- légumes
- fruits
- yogourt
- pois
- pommes
- fèves
- noix
- son
- sarrazin
- millet
- riz
- germe de blé
- pruneaux
- figues
- huile d'olive
- laitue

Informations

- ne pas surcharger le système digestif ;
- faire de l'exercice ;
- boire 5 ou 6 verres d'eau par jour ;
- manger plus souvent et moins ;
- diminuer les sucres, les farines et les viandes ;
- prendre le temps de s'arrêter pour aller aux toilettes.

— DÉPRESSION —

La dépression est une perte d'entrain, un manque de motivation et une fatigue physique ou intellectuelle.

Suppléments

- millepertuis
- chlorure de magnésium
- citrate de calcium
- ginseng
- minéraux
- complexe de vitamines B et C (en particulier la vitamine B_6)
- coenzyme Q10

Aliments

- légumes verts
- légumineuses
- noix
- épinards
- sésame
- algues
- céréales
- fruits
- chocolat (à partir de 70 % et plus de cacao)

Informations

- aller jouer dehors ;
- avoir un cercle d'amis ;
- faire du yoga ;
- nager ;
- garder une curiosité intellectuelle ;
- écouter de la musique ;
- marcher dans la nature ;
- consulter un spécialiste ;
- apprendre à dire non ;
- s'aimer et s'accepter ;
- créer : dessin, musique, poésie, etc. ;
- changer ses habitudes de vie.

— DIABÈTE —

Le diabète est provoqué par un dysfonctionnement du pancréas.

Suppléments

- chrome
- fenugrec
- vitamine C
- vitamine E
- vinaigre de cidre de pomme

Aliments

- bleuets
- chou
- ail
- épinards
- persil
- pommes
- céleri
- gingembre

Informations

- surveiller son taux de sucre ;
- surveiller son taux de gras ;
- boire beaucoup d'eau ;
- avoir un poids santé relié à sa grandeur et à son âge ;
- manger moins et plus souvent ;
- faire de l'exercice ;
- marcher ;
- préférer les tisanes au café, aux colas et à l'alcool ;
- résoudre les problèmes et ne pas les laisser nous envahir.

— ENGORGEMENT DU FOIE —

Il peut provenir d'un surplus de bile dans le foie.

Suppléments

- radis noir
- boldo
- chardon marie
- artichaut
- vitamine C
- lécithine
- vinaigre de cidre de pomme

Aliments

- chou
- eau citronnée
- pamplemousse
- avoine
- ananas
- papaye
- pommes
- fruits
- légumes vert foncé

Informations

- faire une cure de désintoxication ;
- diminuer la quantité d'aliments gras ;
- manger moins et plus souvent ;
- éliminer le café, les colas, l'alcool, le tabac ;
- se reposer ;
- boire beaucoup d'eau ;
- marcher.

— HYPERCHOLESTÉROLÉMIE —

C'est la surproduction de mauvais cholestérol.

Suppléments

- lécithine de soja
- radis noir
- chardon activé
- boldo
- coenzyme Q10
- vinaigre de cidre de pomme
- aloès
- chlorure de magnésium
- flavonoïdes
- extrait de pépins de raisins

Aliments

- avoine
- pommes
- chou
- sésame
- algues
- épinards
- légumineuses
- légumes verts
- pamplemousse
- citron
- oranges
- raisins
- poisson
- fruits

Informations

– boire beaucoup d'eau, soit de 5 à 6 verres par jour ;
– faire de l'exercice ;
– entreprendre le ménage dans les problèmes de sa vie ;
– manger moins et en plus petites quantités ;
– diminuer la quantité de sucre et de gras ;
– faire une cure de désintoxication.

— HYPERTENSION —

L'hypertension est une pression artérielle plus élevée que la moyenne.

Suppléments

– lécithine de soja
– potassium
– chlorure de magnésium
– citrate de calcium
– vitamine E
– aubépine
– vitamine C
– huiles de poisson
– sélénium
– vitamine A
– complexe de vitamines B
– vinaigre de cidre de pomme
– coenzyme Q10
– extrait de pépins de raisins

Aliments

– légumes verts
– poisson
– chou
– sésame
– huiles végétales
– saumon
– fruits
– céréales
– maïs
– pommes
– noix
– légumineuses
– fibres alimentaires
– ail

Informations

- boire beaucoup d'eau ;
- éliminer le sel ;
- diminuer la quantité de sucre et de gras ;
- éliminer le tabac ;
- marcher ;
- apprécier la vie ;
- se libérer des problèmes qui nous préoccupent.

— INSOMNIE —

C'est la difficulté à dormir.

Suppléments

- ginseng
- valériane
- fleur d'oranger
- vitamines B et C
- citrate de calcium et de magnésium
- lécithine
- potassium

Aliments

- céréales
- fruits
- légumes
- poisson

Informations

- vérifier si on a une déficience hormonale ;
- diminuer le stress ;
- prendre un repas plus léger le soir ;
- garder un équilibre émotionnel et psychologique ;
- faire de l'exercice ;
- regarder la vie du bon côté.

— MÉNOPAUSE —

C'est la période de l'existence féminine où cessent les règles.

Suppléments

- sauge
- citrate de calcium et magnésium
- vitamine E
- vitamine F
- actée
- camomille
- vitamines B et C
- trèfle rouge
- angélique ou Dong Quai
- basilic
- tonique glandulaire
- flavonoïdes
- coenzyme Q10
- extrait de pépins de raisins

Aliments

- noix
- ail
- luzerne
- chou
- sésame
- algues
- huiles végétales
- légumes
- fruits
- céréales
- germe de blé
- poisson
- citron
- oranges
- pamplemousse
- raisins
- soja
- légumineuses

Informations

- boire beaucoup d'eau (aide pour les bouffées de chaleur) ;
- faire de l'exercice ;
- prendre soin de s'arrêter pour mieux savourer la vie ;
- se fixer de nouveaux buts ;
- accepter d'avancer dans le temps de la vie ;
- fréquenter des personnes sereines.

— OSTÉOPOROSE —

L'ostéoporose est une perte graduelle de la masse osseuse.

Suppléments

- camomille
- citrate de calcium
- magnésium
- vitamine D
- multivitamines et minéraux
- silice
- vitamine C
- consoude
- vinaigre de cidre de pomme

Aliments

- yogourt
- poisson
- luzerne
- avoine
- haricots
- amandes
- algues
- tofu
- légumes verts
- soja
- œufs
- légumineuses

Informations

- faire de l'exercice ;
- éliminer le sucre raffiné, le café, les colas et le tabac ;
- s'assurer un bon équilibre hormonal.

— PROSTATITE —

C'est l'hypertrophie de la prostate : il y a sensation de ne pas avoir uriné suffisamment.

Suppléments

- palmier nain
- bouleau
- chlorure de magnésium
- graines de citrouille
- vitamine A
- vitamine C
- échinacée
- coenzyme Q10

Aliments

- citrouille
- légumes verts et autres
- amandes
- chou
- sésame
- épinards
- légumineuses
- algues
- canneberge
- cassis
- tomate
- melon d'eau
- figues
- germe de blé
- avoine
- céréales

Informations

- faire de l'exercice ;
- bien s'alimenter ;
- faire une cure de jus ;
- éliminer les tracas.

— SCLÉROSE EN PLAQUES —

C'est une maladie qui affecte le système nerveux.

Suppléments

- huile d'onagre (primevère du soir)
- complexe de vitamines B (dont B_6)
- vitamine C
- huile de bourrache
- magnésium
- extrait de raisins de pépins
- coenzyme Q10
- zinc
- sels minéraux
- vitamine E
- vitamine F

Aliments

- poisson
- huiles d'olive et de tournesol
- légumes verts
- légumineuses
- épinards
- raisins

- sésame
- noix
- bleuets
- soja
- algues
- pommes
- canneberges

Informations

- éviter le stress ;
- boire beaucoup d'eau (environ 1 litre par jour) ;
- faire de l'exercice ;
- fréquenter des gens dynamiques ;
- développer la spiritualité ;
- se fixer des buts à court et à long termes ;
- se garder en forme intellectuellement ;
- créer : musique, dessin, jeux, etc.

— SINUSITE —

La sinusite est l'inflammation des sinus.

Suppléments

- eucalyptus
- vitamine C
- complexe de vitamines B
- gomme de sapin
- thym
- coenzyme Q10
- extrait de pépins de raisins

Aliments

- légumes verts
- fruits
- yogourt
- chou
- algues
- raisins
- pommes
- carottes
- artichaut

Informations

- s'assurer qu'il y a suffisamment d'humidité dans la maison ;
- nettoyer le système digestif qui peut bloquer les sinus encombrés ;
- renforcer le système immunitaire ;
- éliminer le tabac ;
- faire des bains d'huiles essentielles : sapin, pin et eucalyptus ;
- boire beaucoup d'eau.

Chapitre 10

LES PLANTES ET LEURS USAGES

Le monde des plantes est un domaine fascinant à découvrir. Il nous révèle tous les secrets de dame nature et plus encore. De tous les temps, les plantes ont servi en cas de maladie ou de fatigue. Il s'avère qu'elles ont des propriétés médicinales et c'est ce que l'on va découvrir tout au long de ce voyage à travers certaines espèces. Le rôle de chaque plante est différent. Ce qui importe, c'est l'efficacité et le mieux-être que ces dernières peuvent ajouter à notre vie de tous les jours. Les plantes sont appliquées en thérapies interne ou externe. Je vous laisse le soin de les découvrir et, surtout, de les apprécier. Bonne route !

ACTÉE à grappes noires
Régularise le système hormonal.

AIL
Est un bouclier contre les maladies du vieillissement ; est un puissant tonique contre le rhume de cerveau ; est antiseptique et bactéricide ; aide à

prévenir l'enrouement et l'extinction de voix ; est un hypotenseur et vasodilatateur ; facilite la digestion et supprime les fermentations.
Usage externe : élimine les furoncles.

ALGUES
Sont riches en minéraux, en vitamines, en oligoéléments et autres ; servent à renforcer le système immunitaire ; sont utilisées dans le cas d'insuffisance thyroïdienne.

ALOÈS
Corrige certains désordres du système immunitaire ; cicatrise les plaies ; prévient la perte de cheveux ; soulage les maux d'estomac, la constipation, les hémorroïdes ; protège contre les brûlures, les morsures et les piqûres d'insectes ; soulage les enflures, les lésions infectées de la peau, l'eczéma ; diminue le cholestérol et normalise le sucre sanguin.

ARTICHAUT
Diminue le taux de cholestérol ; aide à la digestion ; stimule les fonctions rénales et hépatiques ; aide dans le cas de la cellulite.

AUBÉPINE
Régularise le rythme cardiaque ; diminue la pression artérielle ; combat les bouffées de chaleur.

AUBIER DE TILLEUL
Nettoie les voies biliaires ; exerce une action dissolvante sur les calculs ; draine le tissu conjonctif (cellulite…).

BOLDO
Nettoie les systèmes digestif et génito-urinaire.

BOULEAU
Aide à diminuer l'albumine ; sert pour un problème cardio-rénal.

CAMOMILLE
Est un anti-inflammatoire ; exerce une action alcalinisante.

CANNEBERGE
Équilibre le système sanguin ; combat les infections urinaires.

CASSIS
Aide le système immunitaire.

CHARDON-MARIE
Régénère les cellules du foie ; aide dans les cas de cirrhose du foie et de calculs biliaires.

CHIENDENT
Purge les intestins ; est précieux contre les lithiases biliaires et rénales ; est indiqué contre les grippes et les fièvres ; agit comme diurétique et dépuratif sanguin ; joue un rôle de grand nettoyeur du système.

CONSOUDE
Est une herbe à composé cicatrisant ; usage externe : guérit les fractures.

ÉCHINACÉE
Renforce le système immunitaire ; aide les voies respiratoires.

EUCALYPTUS
Diminue le taux de sucre dans le sang ; est actif contre l'asthme, les bronchites, les rhumes ; soulage le système nerveux ; usage externe : ses feuilles arrêtent les hémorragies et les écoulements d'oreilles.

FRÊNE
Aide dans le cas de rhumatisme ; a des propriétés diurétiques et épuratives.

GINKGO BILOBA
Aide pour les trous de mémoire ; renforce le système circulatoire.

GINSENG
Aide dans le cas de fatigue chronique ; soulage les transpirations excessives ; stimule la mémoire ; renforce l'énergie vitale.

GRIFFE DE CHAT
Contient des alcaloïdes stimulant le système immunitaire ; est utile pour le fonctionnement des articulations.

GRIFFE DU DIABLE
Soulage les symptômes de l'arthrite ; élimine les toxines du système ; est utile en cas d'allergies ; exerce une action hypoglycémiante ; sert contre les rhumatismes inflammatoires, l'arthrose, la goutte, les troubles des ligaments, les tendinites, etc. ; a une action reminéralisante naturelle ; est un tonique gériatrique.

LAVANDE
Cicatrise, stimule, tonifie, régularise ; est indiquée pour les troubles d'insomnie ; est utile pour les voies respiratoires.

LUZERNE
Aide dans le cas d'arthrite ; régularise le système hormonal ; désintoxique le corps ; lutte contre l'acidification.

MILLEPERTUIS
Conserve l'équilibre des humeurs ; améliore l'état dépressif.

ONAGRE
Aide le système nerveux ; améliore le tissu de la peau ; régularise le système hormonal ; inhibe les thromboses ; réduit la pression sanguine ; stimule le système immunitaire.

PALMIER NAIN
Possède une substance qui lutte contre l'hypertrophie de la prostate.

PISSENLIT
Est un dépuratif ; stimule la vésicule biliaire ; aide pour les affections de la peau ; usage externe : atténue les taches de rousseur ; raffermit la peau.

POLLEN
Stimule le système immunitaire ; a une action anti-inflammatoire.

PRÊLE
Est un reminéralisant naturel ; est utile pour les os, les ongles et les cheveux ; sert pour la goutte ; est un cicatrisant interne.

PROPOLIS
A des propriétés cicatrisantes ; a un pouvoir antibiotique.

RADIS NOIR
Nettoie le foie et la vésicule biliaire.

ROMARIN
Aide à la circulation du sang ; combat les troubles respiratoires.

SAPIN BAUMIER
Soulage les douleurs rhumatismales ; est un remède pour problèmes respiratoires ; est utile pour l'insomnie ; combat le scorbut ; est efficace contre les prostatites et les cystites ; usage externe : calme les brûlures, cicatrise les plaies.

SAUGE
Supplée à une carence d'œstrogènes.

SOJA
Aide les systèmes osseux et hormonal.

THÉ VERT
Diminue le taux de cholestérol ; aide à la vasodilatation des vaisseaux sanguins.

THYM
Prévient les infections ; aide en cas de grippe ou de toux ; purifie le sang.

TRÈFLE ROUGE
Nettoie le sang ; régularise le cycle menstruel.

VIGNE ROUGE
Aide à la circulation sanguine ; sert de tonique capillaire et veineux.

Chapitre 11

LISTE DE PRODUITS NATURELS

ARGILE
Voie interne : sert comme cure de nettoyage du système digestif et purifie le sang. Usage externe : sert pour les plaies, fractures, entorses et masques de beauté, calme la douleur.

BOSWELLA
A des propriétés anti-inflammatoires.

CALCIUM
Nourrit les os, évite les problèmes cardiovasculaires.

CHARBON ACTIVÉ
Élimine les toxines du corps : métaux lourds, produits chimiques, etc., normalise le pH sanguin, est utile contre la turista.

CHONDROTÏNE
Possède une substance liée au collagène, aide au tissu conjonctif.

CHROME
Régularise les taux de sucre et de cholestérol dans le sang.

COENZYME Q10
Est utile pour les problèmes cardiovasculaires, stimule le système immunitaire.

EXTRAIT DE PÉPINS DE RAISINS
Réduit les risques de maladies coronariennes, est utile pour les allergies, renforce le système immunitaire.

GELÉE ROYALE
Est un antistress et un antidépressif.

GLUCOSAMINE
Diminue les douleurs de l'arthrose, procure un meilleur fonctionnement des articulations, freine la dégradation des tissus articulaires, régénère le cartilage.

LUTÉINE
Prévient les cataractes, protège les yeux contre les éclats lumineux.

MAGNÉSIUM
Aide à l'ossification, a un effet préventif sur l'hypertrophie de la prostate, est cardioprotecteur, agit sur les systèmes nerveux et digestif.

VINAIGRE DE CIDRE
Facilite la digestion, réduit les risques d'infection des reins et de la rate, équilibre le pH.

Chapitre 12

UNE QUÊTE SPIRITUELLE

La spiritualité est la nourriture de l'âme. Elle nous permet de vivre avec détachement. Pour y parvenir, quels outils devons-nous utiliser ?

Se pardonner à soi et aux autres.

Se dégager face aux situations de la vie.

Savoir s'accepter.

Reconnaître son potentiel et le développer.

Méditer, afin d'exercer l'esprit à se libérer des tracas de la vie.

Avoir l'humilité de recommencer certains travaux pour donner le meilleur de soi.

Canaliser ses énergies pour mieux en profiter.

Être intègre, ce qui fait de chacun de nous des êtres meilleurs.

Avoir du respect, qui est la base d'un individu sain.

Vivre et laisser vivre.

Développer la volonté de s'améliorer.

Faire confiance à son intuition.

Servir les autres et remettre à l'Univers les bienfaits reçus de la vie.

Se libérer, grandir et devenir plus humble, pétillant et divin. Voilà ce que je nous souhaite à tous !

Allez, les baby-boomers et les jeunes aînés, levez-vous et répandez votre luminosité ! Une vieillesse légendaire nous attend.

La vie est belle, amusons-nous !

BIBLIOGRAPHIE

BERTHELET, France. *Physiologie du vieillissement,* Montréal, les Presses de B.B. Production Couleur Inc., 1985.

BRAGG, Paul C. *Apple Cider Vinegar*, Health Science Ed., 1952.

BRICKLIN, Mark. *Dictionnaire des remèdes naturels*, Montréal, Éd. Québec Amérique, 1985.

COUILLARD, P. et coll. *L'homme dans son milieu*, Montréal, Éd. Guérin, 1982.

DAVIS, David. *Les Centenaires des Andes*, traduction, Paris, Éd. Flammarion, 1976.

DEXTREIT, Raymond. *L'argile qui guérit*, France, Éd. Vivre en harmonie.

EDDE, Gérard. *Ginseng et plantes toniques*, France, Éd. Dangles, 1984.

GAGNON, Adrien. *Petit guide thérapeutique de médecine naturelle*, LaPrairie, 1985.

GOMEZ, Jean. *Guide médical de la famille*, Londres, Centaur Press Ltd., 1967.

GRAHAM, Judy. *La sclérose en plaques*, France, Éd. EPI S.A., 1983.

GRAHAM, Judy. *La primevère du soir*, France, Éd. EPI S.A., 1983.

HUTCHISON, Michael. *Les bains flottants*, Montréal, Éd. Le Jour.

KAGAN, Diane. *Aging, Culture and Society*, N.Y., 1980.

KAELTEN, Sharon. *Les vitamines, les bonnes et les moins bonnes*, Ottawa, 1983.

LEMOINE, Elizabeth. *Les plantes aromatiques et médicales*, Éd. Molière, 2001.

MESSÉGUÉ, Maurice. *Les bonnes plantes de Maurice Mességué*, France, Presses de la S.N., 1982.

MONBOURQUETTE, Jean. *Comment pardonner?*, Ottawa, Éd. Novalis, 1992.

MONETTE, Solange. *Dictionnaire encyclopédique des aliments*, Montréal, Éd. Québec Amérique, 1989.

NIGELLE, Éric. *Les pouvoirs merveilleux de l'argile*, France.

PALAISEUL, Jean. *Nos grand-mères savaient*, France, Éd. Robert Laffond, 1972.

PASSEBECQ, André. « Initiation à la santé intégrale », Extrait de *Rétablissement dans toutes sortes de maladies*.

PAULING, Linus. *Profitez des vitamines*, Éd. Primeau/Sand., 1988.

PAULING et CAMERON. *La vitamine C contre le cancer*, Éd. L'Étincelle, 1982.

RÉDACTEURS DU LIVRE DE SANTÉ RODALE. *Guérir grâce aux vitamines*, Roubaix, Rodale Press Inc., 1996.

SCHNEIDER, William L. *La nutrition*, Canada, Éd. McGraw Hill, 1985.

SIMONS, Paul. *Lecithin: What you Need to Know*, traduit par Marie-Claire Legaré, Montréal.

SOCIÉTÉ DE L'OSTÉOPOROSE DU CANADA. *L'ostéoporose*, Québec, 1984.

ZARAI, Rika. *Ma médecine naturelle*, France, Éd. de la Seine, 1985.

Travaux présentés aux cours de gérontologie, d'herboristerie et de naturopathie.

TABLE DES MATIÈRES